奇葩

Qipa
Erbaoba

二宝爸

八 著

超级奶爸
育儿手记

上海教育出版社
SHANGHAI EDUCATIONAL
PUBLISHING HOUSE

自序
一个非典型奇葩二宝爸的开场白

　　说来惭愧，作为一个泥石流＋原生态奶爸，我没有系统专业的育儿知识，更没有证书加持，全靠摸爬滚打一路实战出来，走的是野生育儿的路线。但，野路子也有野路子的优势——接地气，亦治愈。

　　就像我曾经说的，我不是育儿专家，但我是大家育儿路上的战友。看我公众号的百万妈妈们，你们知道，我这一路上总是画风突变，一个急转弯就跑偏。

　　就跟我的书名一样，很奇葩。

　　明明是上海交大计算机专业毕业，不爱当码农却爱码字，好好的IT大企业不干了，转身去当了敲打键盘的体育记者；码着码着，因为升级当爹后沉迷于儿女情长，歪打正着把公众号当成了博客，每天写上一篇长长的育儿经；就像个话痨一样，事无巨细地把育儿小心思，全在我这个自留地上记录了下来，故事琐事吐槽事，遇事就写，没事也写。一不小心，每年都写了一百多万字。

　　承蒙大家的厚爱，读者数量不知不觉过了百万，我自己的人生轨迹，也从体制内的报社头版编辑，变成了在家全心全意带两娃的全职奶爸。

　　最近，又一次歪打正着，作为上海土生土长的孩子，我心目中标杆

般遥不可及的上海教育出版社，居然对我青眼有加，邀请我出书。这种受宠若惊的感觉，就好像一个中国球员接到了皇马抛来的橄榄枝。诚惶诚恐之余，我连今天这篇序言都无从下手了，打开 word 文档就双手发抖——就跟一个职业球员突然不会颠球一样，虽然傻乎乎，但也有点可爱吧。

请允许怯生生的我，在这里偷个懒，把当年开公众号时，第一篇开场白的部分内容"拿来主义"一下，充当今日的序言。不熟悉我的读者，应该会通过以下这段文字，逐渐了解我这个"奇葩二宝爸"。而且，我还挺有信心。倘若，我们都是自己摸着石头过河带娃的战友，你一定会喜欢上我的文字，以及喜欢上我这个"看起来一头黄毛打着耳钉不太正经，其实是个如假包换的用心好爸爸"。

这篇开场白，简单交待一下奇葩二宝爸的身份情况：

80 后，性别男，爱好女，膝下一女一男。当年，和太太分工并辅以阿姨的三人组合，呕心沥血把女儿拉扯进幼儿园，本以为苦尽甘来好日子开始，却意外迎来家庭又一枚新成员：一个脑门光溜的胖小子。

开个育儿微信号的念头由来已久，既然一不小心升级为二宝爸，索性顺水推舟转型，由忆苦思甜改为苦中作乐，在 super hard 模式下用一个父亲的视角，把两个孩子的育儿故事成长点滴或记录，或吐槽，或分享。

由于本人并无育儿专业知识，纯属摸爬滚打自学成才，文章不谈国事天下事，仅关乎吃喝拉撒玩，但求"哭声笑声把尿声声声入耳，吃事睡事奶粉事事事关心"。

尽管更新推送未必及时，尽管文字不够华丽倜傥，尽管内容话题偏于小众，但这些所思所写若是能引起诸位育儿战友们的会心一笑，抑或深有共鸣，那我定然受宠若惊，也不枉费我从换尿片洗奶瓶的琐碎片断里生生挤出的这点敲键盘时间了。

言归正传，之所以称自己为"非典型奇葩二宝爸"，盖因本人的作息爱好及性情脾性与普通老父亲略有区别。

奇葩一：作息奇特

在成为全职奶爸前，我曾是上海报业体制内的一枚夜班头版编辑，拜工作性质所赐，白天可以在家陪女儿。彼时，由于四位长辈未退休仍在工作，若家中仅有阿姨照看女儿也不放心，于是乎我很快深造成一个全面发展的陪伴者（简称全陪）：伴着女儿陪吃陪喝陪拉陪撒陪睡，惹毛小女神还得赔不是。

早教班上，我成了唯一一个带娃上课的珍稀爸比；家对面游乐园里，由于还算年轻力壮玩法多样，有幸被"众娃捧月"为孩子王；小区溜娃时，我唠嗑育儿经的对象清一色为全职妈妈四大老人及祖国各地阿姨……

奇葩二：花样奇多

作为一名曾受过专业足球训练的准运动员，自从四年前女儿呱呱坠地后，我的签名档改成了"场上一条龙带球过人，场下一条龙带娃服务"，人生乐趣也变成了"左手足球，右手育儿"。

从此，每天最大的乐子就是花个把小时泡各种育儿论坛——自卖自夸一句，我的知识储备未必输给很多职业妈妈，后来还荣幸地被百万妈妈读者们封为"母婴品牌人肉活字典"。

为了我家一双姐弟，我可以买遍市面上十余个品牌的奶瓶，从中筛选导气系统最好和奶嘴最适合女儿的款式；囤了日系、欧系和国货尿片，一一做吸水和防漏的横向测评；至于自制辅食，从蒸煮到搅拌一体

机，只要是黑科技的厨房小家电，我一个不落地请回家中……

甚至于，给女儿买衣服这种事，本该做甩手掌柜的我居然又（为什么要用又？）乐此不疲。之前整理过季夏装时发现女儿短袖多达三百余件，连衣裙两百多条。

奇葩三：泪点奇低

平心而论，带孩子，尤其是一对一单挑的节奏，可以说是世界上最辛苦的工作，没有之一。

答案很简单：工作再烦琐，你至少已摸索出一套行之有效的模式并按照自己的节奏进行；带娃，大多情况下只能被动接招疲于应付，那真真是我和小伙伴们都累瘫了的节奏。

但，套句滥俗的话，"一分耕耘一分收获"，每个白天和小妞相处，这份感情之深，那些平日里要上班的一众爸爸可能体味不了。犹记得看《爸爸去哪儿》第一季大结局里爸爸的真情告白，王岳伦的几句话瞬间戳中了我的泪点，我居然哭得"花枝乱颤梨花带雨"，要知道我可是一个曾经球场上断了腿还拖着另一条腿完成比赛的"绞肉机型兽腰"啊……

我仿佛已看到这样一幕画面在上演——二十多年后，小妞出嫁了。酒过三巡，我一个半糟老头突然拽起女婿的衬衫衣领，眼泪汪汪念叨着：侬要是欺负阿拉囡恩，吾迭把老骨头寻侬切桑活！（上海话，翻译成普通话版本是：你要是敢欺负我女儿，我这把老骨头会揍你！）

最后，贴一段自己写给女儿三周岁时的一段话，亦送给当时呱呱坠地的儿子，是为序——

致蒋赏

三年前的此时，老天把你作为最珍贵的奖赏赐予了我们。

身为一个新爸爸，我练不出张亮的颀长身材，挣不到王岳伦的殷实家底，长不出林志颖的俊美童颜，学不会田亮的腾跃身姿，扮不了郭涛的爷们本色，但，我会在自己的能力范围内给你最珍贵的东西——精神和情感上的富养：陪伴。

三年，一千多个白天，我几乎对你寸步不离，平淡了事业，疏远了爱好——又或者，你已然是我今生最大的事业与爱好。

爸爸去哪儿？爸爸哪儿也不去，为你人生引好路，一生陪你看日出。看你拼命发芽，待我花白头发，教你人如其名地用欣赏的目光观察这个世界，学会爱与感恩，做一个永远让人赏心悦目的好孩子。

目录

Contents

目录

关键词一

家有二宝

我为什么坚持生二胎

　　作为当下最热话题，作为一枚"城中人"，二宝爸有话要说，希望能给踌躇中的人有所启发和参考。

　　二胎，生还是不生？这远比哈姆雷特式提问更玄妙无解。一千个人眼里有一千个哈姆雷特，各取所需皆大欢喜；而一个家庭面对的只有两种选择，必然踌躇难定，严重点还会划分阵营势同水火。

　　家家有本难念的经，我无法就"是否要生二宝"这个难题给出任何建设性意见。我能做的，只是用傻傻的语气讲述一下二宝的来龙去脉，以及我选择迎接二宝的若干理由。如果你和我的大脑回路、三观架构、家庭结构等参数还算匹配，或许对你们的再造人计划有所参考。

　　老二球球（注，弟弟的大名小名皆为姐姐所取）的到来是场意外，属体制外产物。当孩儿他妈（以下称"领导"）拿着"中队长"在我眼前一晃而过时，我当即打翻了洗脚水，这种惶恐和诧异，比我小学时代竞选大队长尤甚。

　　我自诩可能比认识的任何一个男人都爱孩子，一个很好，两个更妙，最好生一打，十一人组成足球队首发还多一个替补。但，在这个拼爹拼妈拼车拼房的年代，我除了拼老婆罕遇敌手外，拼任何一个单项都是必输无疑的。换而言之：我有何德何能可以养俩？

　　手颤颤巍巍地捏着"中队长"，我的大脑开始高速运转盘算起自己的物力财力精力体系：要钱几乎没有，要命也就半条（已被熊孩子女儿榨干半条）；四位老人中，只有我的母亲已退休，但身体欠佳劳累不起；因无二胎计划所以买的是两房户型，若再添一个娃，房间也捉襟见肘……一言以蔽之：问题一箩筐。

　　果不其然，当我和领导对孩子的爷爷奶奶外公外婆悉数做了暗示，遭遇到的是各种劝解和阻力。心直口快的奶奶第一个跳起来：好不容易熬出头了，女儿要进幼儿园了，你们偏要重新辛苦一回，犯得着哦？戆哦？经济上你们来赛哦？理性爷爷帮我们罗列起了困难：你们怎么就先斩后奏了呢？我想过了，你们目前面临的问题有一二三四五……

　　外公外婆则还算态度中立，只是婉转地传达了这样一个信息：不支持也不反对，理解我们的决定，但只能在财力上有所支持，仍在上班的他们没有余力帮忙照料第二个孩子，这个问题我们唯有自己解决。

　　那真是一段心力交瘁的时光。我几乎夜夜难眠，和领导辗转反侧彻夜长谈。我们期待憧憬深爱这个或许即将投入我们怀抱的小生命，不舍得不甘心不愿意弃 Ta 而去，但我们确实没有足够的能力和底气拍胸脯说：我们可以独立完成两个孩子的抚养而不给老人增添新的负担……

　　现在回想起来，保卫二宝球球的过程，称得上艰苦卓绝。问题发端于一个中国式家庭，二宝的主权是四大二小，六人所共有的，必须历经"六方会谈"且收获皆大欢喜的方案，才能顺顺当当迎接这个计划外、体制外的家庭新成员。

　　逐个击破的冗长过程就略过不表。我按照最近二宝圈一篇很火的"纠结于二胎"的文章，就我们目前家中的运转情况，对文中若干顾虑进行现身说法：

◆ 顾虑一：会不会失去工作？

这点还好，家中领导就职于某世界五百强大型国企，算是体制内的铁饭碗，这方面没有顾虑。我自己则是上海报业集团体制内的一个头版编辑，应该也算是比较安稳的工作。

话外音：人生就像一个盲盒，你并不能猜到里面到底有什么。我自己都没想到，随着公众号的规模越写越大，读者数量越来越多，我后来离开了报社，回归到家里成了一枚全职爸爸。倒是二宝妈的工作比较稳定，即便是在疫情到来的时候，也没有受到太多影响和冲击，成为了家里最重要的一道保障。从这个角度讲，二胎家庭的下限很重要，最好有一方是相对稳定的工作，抗风险系数会比较高。

◆ 顾虑二：谁来照顾新生儿？怎样的运转模式？

只有一个女儿时，运转模式为：家里请了个住家保姆，白天我和保姆配合带女儿，晚上领导和保姆配合，四位老人不定期过来，陪玩为主兼搭把手。

儿子诞生后，模式变为：白天女儿上幼儿园，领导和我及住家保姆带儿子（领导上班后，我和保姆一起配合），晚上领导带女儿，保姆带儿子，四位老人仍不定期过来，依然以陪玩为主，增加的工作量尚能接受。当然，住家保姆的工作量肯定有所增加，我也和她斗智斗勇完成了加薪，其间过程跌宕起伏，改日我再另写一篇《加薪血泪史》。

画外音：之所以后来能说服长辈，一个重要因素是儿子出生时女儿刚好上幼儿园，白天家里的压力不算太大，所以建议两个孩子的年龄差距最好不要小于三岁，否则同时在家真是闹翻天的节奏。当然，最好也不要刚好差三届，否则将来一个中考一个高考，那也会很抓狂。

◆ **顾虑三：如何搞定婆媳关系?**

　　婆媳关系是个亘古难题，唯一化解的办法就是自己当好一块合格的三夹板，当好一个拎得清的传话（过滤）筒，维持亲密有间的"一碗汤的距离"。凡事尽量自己和领导亲力亲为，让长辈以陪玩为主。

　　我坚信，每个人都是掏心掏肺为孩子好，不能因为育儿理念上的差异而制造本不该发生的尴尬甚至矛盾。何况，老人本就没有为下一代抚养孩子的义务，说得直白点，让他们休养生息身体安康，其实就是对步入中年的我们最好的帮助和照顾了。

　　画外音：爸爸万万不可当潇洒的甩手掌柜或怯生生的旁观者，小夫妻齐心协力一起带娃绝对是增进彼此感情的催化剂，"男女搭配干活不累"在育儿领域亦通用。我能想到最浪漫的事，除了一起慢慢变老，还可以坐在摇椅上慢慢聊些当年的育儿往事。

◆ **顾虑四：产假减半，妈妈的身体是否可以承受?**

　　第一胎顺产五个月产假，剖宫产六个月产假，而第二胎的产假一律都是三个月。此外，通常生二胎时妈妈的年纪不轻，恢复效果也不比一胎，这点目前我也深有感触。怎么办？答案很简单：爸爸多做一点，尽量减轻妈妈的负担。

　　我一直持有这个观点，纯爷们勿喷我：男人再呵护妻子，都无法亲历并承担妻子分娩时走一趟鬼门关的痛苦和危险，所以只有在妻子产后多付出一点来弥补和报答。

　　我很欣赏一位吃苦耐劳的四川同事说的话：力气这东西，睡一觉起来又有了。因而，真心希望每一位爸爸远离网游，放下手机，克制爱好，把自己睡一觉就能满血复活的力气毫无保留地贡献给这个为你生

儿育女的伟大女性吧。

画外音：如果爸爸怀胎十月身材走样疏远爱好，结果产后妈妈成天出去和闺蜜下午茶，晚上淘宝美剧不亦乐乎，爸爸却焦头烂额地给孩子喂奶换尿片，这样的环境，爸爸们能做到毫无怨言吗？

◆ 顾虑五：教育问题怎么解决？时间精力如何分配？

生二胎给老大带来的心理影响不再赘述，我相信很多妈妈都知道该怎么做：开导老大的失落，培养两个孩子的感情等。但这些都只是短期内要做的心理疏导，从长期来看，职场父母的时间、精力有限，如何兼顾两个孩子的教育呢？

这个顾虑，也是最初我无法直视和回避的问题。作为一份日报的头版编辑，晚上 5 点—12 点我都在单位，这也意味着孩子未来上学后，最黄金最宝贵的互动时间（包括亲子教育），我都"身在曹营心在汉"无法出力了。

这点我必须感谢我的爸爸。刚好今年满 60 岁退休的他，因为在其领域业务出色，被很多企业视为香饽饽并欲返聘其为顾问，但他在挑选企业时不问收入只提一个要求：我必须 9 点以后上班，3 点半前下班，因为我要去幼儿园接送孙女。我爸爸曾经是大学教授，亲子教育也是一把好手，他的及时出场，也解决了我爱莫能助的教育问题。而我的妈妈是出色的语文教师，加上父母就住在和我们"一碗汤"的距离，就算两个孩子同时上学，爷爷奶奶外加妈妈的组合，应该也能应付得来。

我也非常感谢外公外婆，在女儿幼儿园择校时，在我无力拼爹的窘境下，以他们的力量帮助女儿进了我最心仪的幼儿园，也创造了最好的教育起点和环境。当然，这个说法有点背离主流价值观，却也是当下社会不得不效行的客观现状，我就不展开了。

　　而我自己能做的，就是在力所能及的范围内，创造最好且最快乐的学习条件给两个孩子。比如，我模仿了一些英语兴趣班的硬件，安装了100英寸的幕布和1080p投影及学习软件，完全可以在周末时候陪孩子寓教于乐。App付费学习软件、育儿类书籍这些非智力因素的投资，我从来就不吝啬。不怕嘚瑟地说一句：我自认为论学历、论教育孩子，我都未必输给外面的所谓商业机构的老师。遗憾的是我营造不出一个十来个孩子一起学习玩乐的环境，而且，女儿看到我不会有对老师的敬畏感，效果势必会打折扣。

　　我吝啬的，倒是现在社会上那些动辄万元以上的各类学费。如雨后春笋般多如牛毛的各类零起点、少儿英语、思维训练等机构，我敬而远之。我的学生时代，从没有任何兴趣班培训机构，我们一个个不也长大成人进入了最好的大学？你可以说我的时代已脱节，但我平时同样也扎根于某帆网、某度教育等论坛一窥人家爸妈的"牛蛙养成记"，应该不至于不懂当下行情。只是，当一个孩子连呼吸都要计算着时间和效率，Ta的童年又怎么会快乐呢？

　　与其把大把金钱贡献给兴趣班培训班，我宁愿用这钱带着一双儿女看遍天下。我坚信最好的风景和知识都在路上，读万卷书让人满腹经纶，行万里路让人阳光博学。教育上也许会花冤枉钱，但旅行上所用的每一分每一厘，都不冤枉。旅行之路就像一块拼命汲水的海绵，或许吸收有多有少，但只要看到领略到感受到享受到，那就是赚到。

　　画外音：我们在家有时会用投影放一些女儿当年旅游时候的照片和视频，我们惊讶地发现，女儿对很多旅游时候的细节如数家珍，除了感到满满的幸福外，我们也坚定了要多带她四处走走的信念。相信这样的理念，我会一直实践在一双儿女身上。

◆ 顾虑六：最现实的，经济上的压力怎么办？

最大 BOSS 总是最后出场，最大困扰毫无疑问就是财力了。我的传统纸媒行业早已明日黄花，大家都懂的，跑不赢 CPI 也就算了，连月嫂的加薪速度都跑不过（此处略去三千字血泪史）。

不过我的心态很平和，从来不会横向比较，那只会徒增烦恼；纵向比较下，只要自己始终在努力，日子一天比一天好，那就知足常乐了。穷，亦有穷人的养法，很多育儿大物件乃至衣物都可以重复利用。最大的开销也就是尿片奶粉（母乳宝宝更省钱）和教育开销。何况我白天对孩子不离不弃的陪伴，也大言不惭地谓之以"精神富养"。

作为一个坐拥四黄钻三黄钻账号各一的淘宝达人，如果你能长期厚爱关注我的微信号（嗯，我就是明着在拉粉），我一定会多多反馈各种淘货技巧，你会惊讶发现，原来淘宝上便宜真有好货，旅游尾单秒杀层出不穷……小钱一样可以办大事，把生活维系在比较有质量的范畴内。

画外音：为了两个孩子卧薪尝胆在职场上进一步充实自己，把自己卖个更好的价钱这种通俗易懂的心灵鸡汤配方我就不说了，大家都在为提高家庭收入动脑筋花功夫呢。

二胎的好处不再赘述，末了，我描述这样一幅画面：当你开着车，娇妻靠在你肩头微酣，一回头，后排两个安全座椅上，两个天真烂漫的小家伙玩兴正浓，铜铃般的笑声飘入耳中。那一刻，一切辛苦都值了。人生如此，夫复何求。

二胎，你准备好了吗

　　要不要生二胎，永远是个哈姆雷特式的话题。原本意气风发的二宝爸，一篇《二胎全面开放，你纠结的心放开了吗？怕个毛！让二宝爸来给你洗脑》的正能量鸡汤文，引三五好友击节叫好，恨不得跃跃欲试把二胎酝酿起；钱江晚报一位记者同行也嗅觉敏锐地发掘了这个话题并采访了我，写出一篇名为《80后爸爸生完二胎后悔了！生二胎前，千万要看》的爆款文章，短句精练，层次鲜明。尤其是议题的设置，切中时下最大的热点。很快，文章点击量就破了10万+，人民网和腾讯等大 V 也都进行了转载，一度刷了为人父母的朋友圈。

　　这算不算我自己啪啪啪打脸了呢？生二胎到底好不好呢？会不会后悔？二宝爸想稍微做点解释。我理解做新媒体需要夺人眼球的标题，劲爆的标题会引发更广泛的讨论。但事实上，对于生二胎，我从来没有后悔过。再苦再累，我心无悔。不后悔，但愧疚，亏欠，对四位长辈——这是我以前想掩耳盗铃囫囵糊弄、而现在鼓足勇气正面直视的真心想法。我高估了自己的能力和能量，我总以为自己一个大老爷们哪会被难倒累倒，我想当然觉得自己有力气有时间有精力能大包大揽解决所有问题，把优哉游哉陪娃嬉戏的美差留给老人即可。

　　可我没有三头六臂，也不是美剧里的孤胆英雄。作为一个最普通的上班族，哪怕白天可以在家带孩子，但我依然需要一份夜班工作维持日

常生计，无法靠一己之力覆盖到生活的方方面面。二胎的诞生势必给老人陡增烦冗辛劳的工作量。所以，我接受采访的主要目的，其实就是想用我的经历给大家一个提醒：一个原先看似良性运转美好无比的二胎家庭，其实是何等脆弱和如履薄冰，哪怕一个零件的缺失，都耽误不起。

我不后悔自己的选择，也不想把二胎家庭描绘成洪水猛兽，把所有家庭一棍子打死。我的现身说法，希望更多如二宝爸我这样的普通工薪阶层家庭，在二胎的抉择上慎之又慎。

我对二胎家庭的建议归纳起来，套个等级略高的总结，就是需要"物质文明"和"精神文明"两手一起抓，两手都要硬，缺一不可。

前者很好理解，夯实你家的钱袋，只要有足够的实力，绝大部分问题都不是问题。在自身没有足够强大（比如财务自由）之前，事业和陪伴似乎总是一对悖论。奔波于事业中，势必会挤压陪伴孩子的宝贵时光；反之，事业却又可能停滞不前，无法夯实足够的经济基础。我也在慢慢摸索一个适合自己的最佳平衡点。后者必须是夫妻双方在无论价值观、育儿理念和出力程度上，都要能做到相近甚至一致。但凡有一方不情不愿消极怠工，都会是未来家庭生活的极大隐患。

现在，我把刷爆朋友圈的原文贴出来。

80 后爸爸生完二胎后悔了！生二胎前，千万要看

最近，有一位 80 后二胎爸在残酷的生活现实面前，在自己的微信公众号上发文，对自己当初决定生二胎进行了深刻反思。而在全面二胎政策刚刚出台的时候，他还曾在自己的微信公号上发文《二胎全面开放，你纠结的心放开了吗？怕个毛！让二宝爸来给你洗脑》。

是什么样的生活变故，让这个曾经要给想生二胎的爸爸妈妈们洗脑的二宝爸，突然有了这么大的一个转变呢？昨日，钱报记者采访了这

个 80 后二胎爸，他是上海人，在当地一家报社当头版编辑。

他说，在经过痛苦的反思后，他有话想对那些想要生二胎的夫妻说。

我一个人能带两个孩子

小李（化名）坦言，二胎是一个意外，是他力主把孩子生下来的，主要考虑自己和老婆都是独生子女，希望孩子在成长过程中有个伴。当时，他的大女儿已经上幼儿园了，家庭生活压力不大，日子过得有滋有味。

家里多一个孩子，他不是没有考虑过后果。"我当时就想，带孩子的人手够用了，而且不用麻烦四个老人家。家里有一个保姆，我是夜班编辑，老婆白天上班，晚上回来。这样，我白天和阿姨一人带一个孩子，晚上老婆回来就交班给她和保姆，只要配合得好，是完全没有问题的。"

经济上会有一些压力，他想，咬咬牙克服一下吧。于是，13 个月前，他们可爱的小儿子出生了。自此，辛苦而快乐的二胎生活拉开了序幕。夫妻两人都面临着体力、精力和经济上的巨大考验。

老婆回到家要管孩子，晚上睡觉还要起夜几次喂奶，第二天照常上班；他每天夜班回到家是凌晨 2 点左右，然后还要起夜几次，帮着老婆一起照顾儿子，一天连 5 个小时的睡眠都难保证。

夫妻二人都要上班，请一个照顾孩子兼烧饭和其他家务的阿姨，一个月的工资就是六千块。大女儿的幼儿园学费，小儿子的奶粉、尿不湿，生活的各种支出，每天哗哗如流水。

小李的爸爸本来已经到了颐养天年的光景，却执意继续在生意场打拼，只为多挣点钱，帮他们缓解二胎的经济压力。老婆工作也不轻松，时常加班，延迟了回家的时间；而报社对编辑到岗时间的规定也提

11

前了，他不得不下午 4 点出门上班，这样一来，必须有一个老人来顶上这几个小时的空缺。

小李的爸爸自告奋勇成为了这个接班的人。两个孩子在一起不可能没有冲突，有时老大会抢老二手里的东西；而老二刚刚会走路，正是开始到处探索世界的时候，要时刻紧盯，防止两个孩子中任何一个意外受伤。这样的工作强度，对一个六旬老人是很繁重的。

为了让小李多睡一会，他的爸妈每天一大清早赶到他家，把他女儿送到幼儿园。为了保证每天下午 3 点下班去幼儿园接孙女，小李的爸爸更是把每天自己的工作强度压缩到极致。

小李如此形容："这样的日子，就好像一台机器在运转，每一个螺丝钉都拧得很紧，不能出一点差错。"

老人生病住院，家里节奏打乱了

但是，拧得过紧的螺丝，时间长了难保不出问题，尤其是老人饱经风霜的身体。前几天，他爸爸突然生病住院，需要手术。整个家庭的节奏顿时被打乱了。小李立刻放下手中的工作，将生活重心放到照顾爸爸上。

"我妈妈白天陪，我晚上陪，上午回家睡一会儿，孩子只能交给阿姨照顾了，因为自己实在是很累了，有心无力。编辑是计件工作，不上班就没有收入，经济压力立刻就出来了。还好，爸爸的手术很顺利，应该很快能康复。"

现在，大女儿只能麻烦老丈人和丈母娘照顾，也住在了他们家。每天一早，他们送大女儿去幼儿园；到了下午幼儿园放学的时候，还没退休的丈母娘只能跟公司请假，提前下班去接外孙女放学。

小儿子呢，白天只能完全交给保姆。因为陪夜几乎整晚不睡，小李早上回到家倒头就睡，也完全没精力去管保姆到底如何照顾儿子。"儿子会走路了，儿子断奶了，这些重要的事情，我都错过了。但是没办法，现在我完全顾不过来。"

经过这件事情，小李对二胎的生活不再那么乐观了。"二胎家庭就是每一个环节都不能出问题，我现在感觉日子就是如履薄冰。"

想生二胎听听小李的建议

小李说，"大娃照书养，二娃当猪养"，这只是一个美好的想象。反思过后，小李对想要生二胎的夫妻提了几条建议。

一是生二胎必须谨慎。你要先考虑清楚，自己的经济实力是否足够？比较理想的是，夫妻双方能有一个人全职在家带孩子，但是能做到这样的中国家庭是很少的。

二是养儿育女是自己的事情，不到万不得已，最好不要麻烦老人。因为父母辛苦一辈子，没义务晚年还要给你带孩子。你要想清楚，夫妻二人能搞定两个孩子吗？

三是夫妻双方在养孩子上的付出要基本平衡，且育儿观比较一致，这样才能"男女搭配，干活不累"。如果是那种一方天天出差不着家，另一方管孩子的，就别想着生二胎了。因为养孩子是非常辛苦的工作，并不比上班轻松，不要想着说我在挣钱养家，你带孩子没有挣钱，这是完全不对的。如果一方长时间在育儿上付出太多，而另一方没有，夫妻关系早晚是要失衡的。

（来源：钱江晚报记者　黄敏）

我只负责光鲜，
又何曾感悟到对父母的亏欠

在网络上我总爱若有若无、有意无意把自己塑造成一个无所不能的二宝爸形象。似乎，还挺享受这种自带光环的角色扮演游戏：带娃上班两不误，情怀逗趣通文武。

开什么玩笑！奥特曼都有电力不足的时候，带两个娃这种比打怪兽强度更大的工种，你充什么个人英雄主义？不靠一个团队你能搞得定？你又凭什么淡化其他成员的努力和功劳？

直到几天前，一场突如其来、猝不及防的恶疾，张牙舞爪朝我父亲扑来之时，我才意识到，平日里，为了帮助我们应付两个孩子的繁重生活，身边的长辈们默默地付出了那么多，透支着他们弥足珍贵的健康我却浑然不知，甚至还理所应当面无愧色地不断索取。

我的父亲，是我人生最大的精神支柱。我相信每个男孩心中的偶像和大英雄，都是自己的父亲。所以，当病魔露出狰狞面容缠上父亲时，我的世界轰然崩塌，哭到不能自已。我不敢去想，却又止不住胡思乱想；我夜夜难眠，却又恨不得在苦痛混沌中一睡不醒。

爸爸是为了我，为了我的家而累倒的。我心知肚明。明明已到了颐养天年的光景，却执意继续在生意场打拼，只为多挣点钱，帮我缓解面对二胎的经济压力；为了让我多睡一会，爸妈都会一大清早赶到我家，帮我把女儿送到幼儿园；爸爸更会把每天的工作强度压缩到一个极致，只为了能保证每天3点下班赶去幼儿园接女儿回家。

这样连轴转高强度的付出，我却从来都是在文章中轻描淡写甚至一笔带过，好像只有我泡个奶粉换个尿片才叫超级奶爸，其他人每天风里来雨里去幼儿园接送娃那都不是事儿。

我的妈妈同样付出了很多。除了每天跟爸爸一起接送女儿外，还承担了买菜送菜的繁重任务。我说："妈，没事，我来买菜吧。"妈妈却回应道："你们年轻人哪里会挑，还是我来。"

明则贬我生活经验不足，实际上还不是心疼孩子！我倒是好，从此就心安理得跷着二郎腿在家，看着妈妈每天汗流浃背拎着几大袋重物送菜上门，心中自我安慰之：嗯，我不会买菜我不会买菜我不会买菜……你看，我总爱写自己如何精通给娃做辅食，妈妈的买菜重担，我只字未提。

我还想感谢自己的岳父岳母。每个周末，我和二宝妈带着两娃浩浩荡荡杀到娘家，便如甩手掌柜般，等待着每周末不亚于春节年夜饭的圆桌大餐。岳父岳母在厨房忙成陀螺，我和娃们却在自拍美颜好似鲜花朵朵。

这几天，我在后台和微信上收到了你们潮水般的祝福和加油，真的很谢谢你们，也正是你们的鼓劲打气，让我有勇气和力量度过了心头沉重的几天。谢天谢地谢你们，我爸爸的手术很成功，人生的下半场正等着他开启，我胸口堵得慌的大石头落了地，我们的美好未来就在前方。

就刚才，我拿着棉签棒蘸着水，给爸爸擦拭干涩的嘴唇，他紧紧捏着我的手，眼神有些涣散却又透着不安："儿子，你不要走开，让我一直看得到你。"我心目中的那个爸爸，是当年那个讲堂上意气风发风流倜傥的大学教授，是那个下海游入生意场后如鱼得水、口吐莲花的商界精英——然而，突然间，我发现爸爸真的有些老了，斑白头发爬满两鬓，对我也变得依赖起来，就像个需要连骗带哄的老小孩。

　　35年前，爸爸给我把屎喂饭，如今，我开始为爸爸做同样的事情。人生，就是这样一道轮回。最后，我讲一个前不久遇到的小插曲，感慨万千。

　　我每天都会带着儿子去家对面的游乐场玩，故慢慢结识了数个同样携娃来玩的奶奶或外婆。时间久了，每次相遇，就成了她们倾诉我倾听的"吐槽大会"——因为拿我做参照（惭愧，我只是白天比较闲有机会带娃而已），抱怨的对象不是儿子便是女婿。

　　一位奶奶这么跟我说："我每天一清早起来赶头班地铁冲到儿子家，一定要赶在他们上班前到才行；然后帮着带一天的孩子，等晚上他们下班到家，我就要被'赶回去'了……我儿子一到家，也不问我累不累、苦不苦，就光顾着抱自己的儿子去了，侬讲阿拉这种做老妈子的人作孽哦？"

　　这位奶奶的几句话，如电流般瞬间击中了我。是啊，当我们回家时，总会情不自禁地抱起自己的孩子，又亲又搂；可我们有多少人会想到，去给辛苦了一整天的父母们一个同样的拥抱呢？

　　我们欠父母的，又何止一个大大的拥抱？

宝贝对不起，不是不爱你

上两周，儿子突然呕吐外加高烧，二胎家庭如履薄冰的运转节奏，陷入半瘫痪状态。

女儿要上幼儿园，日常课程不能停；幼升小近在眼前，连轴转的课程不能停；至于我自己，全职爸爸的微信公众号，那可是养家糊口的生计，更是万万不能停。

唯一停滞不前的，是对儿子病情的关注——于是乎，把小家伙扔给住家保姆，叮嘱之：多喝水，早点睡，粗线条至极的"六字箴言"。美其名曰：男孩子没那么金贵，扛扛就过去了，没什么大不了的事。言下之意：我们都忙死了，一个老大都顾不过来，弟弟就别添乱了。

儿子还真是皮实，三天后满血复活。没上一天医院，没吃一口抗生素。我因为工作缘由不得已地"忽视"了儿子，内心是非常有罪恶感的。

我们正沾沾自喜于决策正确时，却发现，儿子看到我们时，嘴角紧抿，再也不肯开口叫人——除了阿姨。

近乎谄媚般，一众大人轮番凑上去欲搂抱，嘴里用尽全天下最热乎的形容词。儿子眼神飘忽，一个转身，拔腿就跑，死死抱紧阿姨的大腿，喃喃自语，翻来覆去就四个字：我要阿姨。

所有人都面面相觑。被儿子冷落疏远的那几天，我心里很不是滋味。自从家里迎来二胎后，我始终心知肚明的一点是：分身乏术，精力

有限，实在没办法做到复制粘贴双份的贴身关怀，完整无缺地遍洒到两个孩子身上。我亦曾写过"不羡鸳鸯不羡仙，唯羡孙猴七二变"这般打油诗，表达了自己恨不得能一分为二的无奈。

怎么办？取舍后的答案你们猜到了：天平，更多时候倾向了年长四岁的女儿。原因似乎也合情合理：反正儿子小，懵懂呆萌，搞不清楚状况；至于女儿，大孩子了，更敏感，自然要考虑她的感受。

对不起，我的儿子。很多时候出门玩乐，或聚会或看演出，因为"嫌"你太小，怕 hold 不住上蹿下跳的你，把你硬塞给了阿姨或长辈，遂带着欢天喜地的女儿出门，徒留你在身后泪汪汪地看着我们渐行渐远。我们似乎忘了，当年比你还调皮的姐姐，我们可是无时无刻不带在身边。

对不起，我的儿子。二胎家庭经济状况有些捉襟见肘，你身上的每一套行头，手里把玩的每一个玩具，十之八九都是从姐姐那里"淘汰"而来。虽然你用自己的颜值，化解了那些粉色大花造型在身上的尴尬，但我却非要冠冕堂皇找理由曰：我们有颜任性，驾驭姐姐的衣服足矣，没必要买新衣服。儿子全身上下的行头，基本都是姐姐"遗留"下来的。

对不起，我的儿子。直到现在，我每一次掏腰包下单，第一反应永远都是姐姐喜欢什么，而你总是那个附属在后面没有太多存在感的小家伙。衣服姐姐穿不下了，还有小一号的弟弟能穿；玩具玩腻了，没见过世面的弟弟可以消化；游乐场或酒店住一晚，姐姐玩 high 就可以，反正弟弟就是个小小跟屁虫而已。

对不起，我的儿子。以前那个谨小慎微的爸爸再也不见了。姐姐小时候，哪怕奶嘴蹭了下手掌，赶紧洗净消毒加烘干；弟弟的奶嘴掉地上了，拿起袖子管潦草撸几下，直接塞进你嘴里。"老大照书养，老二当猪养"，何止当猪养，家里摆个围栏，简直就是把小猪赶进了猪圈呐！对你的安全卫生视若无睹，病从口入，几天前那次疑似诺如，就怪爸爸的粗枝大叶。

对不起，我的儿子。姐姐小时候，我几乎寸步不离陪伴在她身边，连托班都不舍得送去；换做你在我身边时，我却开始抱怨你那异常的旺盛精力，让我白天根本无心写作。最后一狠心，直接把你提前送到了朋友家的"托班"。虽然你对集体生活的融入速度让我欣慰，但每次趁你不注意时扭头决绝离去的那刻，我的心都在淌血。

儿子早早就开始了"集体生活"，我其实是不甘心和很无奈的。

越写越心酸，都快写不下去了。宝贝对不起，不是不爱你。真的不愿意，又让你哭泣。这一刻，满脑子都是草蜢乐队成名曲的旋律。挥之不去，句句唱到心坎里。

心里的苦闷和困惑，始终想找个人疏导。于是，找到了跟我一样的一位二宝妈，自由职业的女强人，天天在外奔忙，双脚不沾地。

我问：你有没有觉得对不起家里的老二？尤其是在外忙事业时，把他一个人扔在家里。

她答：其实，我倒觉得，你和儿子这样的模式非常良性。有关心有互动，却又彼此相对独立。倒是你跟女儿太热乎，以后女儿在择偶上也许会遇到问题。

我急着解释：怎么会？到时候，我一定会得体地退出。只是现在，我希望给予足够多的陪伴。

她说：到时候你要退出，又岂会那么容易？我再问你，你这样整天跟孩子形影不离，你觉得是他们更需要你，还是你更需要他们？

我不知如何作答。二宝爸从来不是育儿专家，也写不来那些条条道道。我一直说，感恩你们对我的捧场和支持——因为，我们是这条道路上志同道合的好战友。如今的我，迷茫，困惑，惶恐，失落。

战友们，能帮我解答一下吗？

你生病了，
我撇开一切来照顾你

上星期，我经历了可能是升级二宝爸以后，最艰难的一周。

女儿突然高烧，之后被确诊为手足口病；一天后，儿子高烧不退，满嘴红点，也被医院确认为某种病毒（一开始并未确定为手足口病）。儿子应该是被女儿传染所致。对于一个二宝家庭最致命的打击，就是两个娃同时生病。

此病虽并非洪水猛兽，亦能逐渐自愈，但14天的超长时间隔离，以及人手捉襟见肘的现状，还是让家里乱成了一锅粥。尤其是二宝家庭，还要避免姐弟同处一个屋檐下，难度直接升级到 super hard 模式。火烧火燎中，我们的紧急处理方案如下：

将家庭成员临时分为两个 team 的组合。我和阿姨及儿子组成团队A，住在自己家中，我请假一段时间，和阿姨一同照顾儿子；女儿到爷爷奶奶和外公外婆家轮流住，二宝妈这段时间陪女儿一起，此为团队B。

另附两大注意事项：（1）为照顾女儿情绪，不让她失落，二宝妈必须陪同在女儿身边；（2）团队A和团队B没有特殊情况，尽量不要见面，小不忍则乱大谋，若交叉感染，则功亏一篑。

这是漫长的一周。女儿从小就没离开过我的视线，印象中，离开我身边超过完整一天的次数都屈指可数，遑论整整一星期。漫漫长夜无心睡眠，光靠 facetime 的视频，根本化解不了我对小萝莉的相思之苦。

想去看女儿，我"哀求"着哪怕隔着防盗门看一眼也好，得到的却是团队 B 组员们斩钉截铁的拒绝——"不行！万一你把女儿身上的病毒带回家，传给弟弟怎么办？"

女儿跟奶奶住的这段时间，我只有通过照片了解她的病情恢复情况。看着女儿有些黯淡蜡黄的脸色，我真的是疼在心里，却又爱莫能助。

这又是奇妙的一周。从确诊的那个周末起，我就跟儿子朝夕相处共处一室。阿姨有事请假不在，所有吃喝拉撒，陪吃陪玩陪睡的三陪任务，全部落在我身上——这是从来没有过的经历。

很惭愧，我曾带着女儿"私奔"到过莫斯科、北京、巴城、安吉、绍兴、诸暨等很多地方，玩到乐此不疲，却从未给过儿子如此待遇，厚此薄彼，明目张胆。甚至于，和儿子单独共处 24 小时以上，都不曾有过。

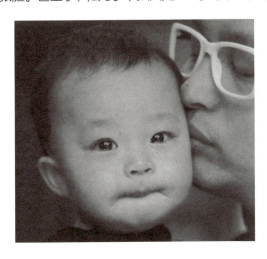

而这一次，一幕幕的独处情景回忆起来，不仅难忘，还有些小幸福：关掉手机，一心陪着儿子；大小两男人，一起在淋浴房撒欢戏水；在榻榻米卧室上，翻滚打闹；半夜一次次醒来，给这个爱翻滚的臭小子盖被子、灌水喝、量体温……

单独照顾和陪伴病中儿子的日子，虽然很辛苦，但很快乐，也是一生难忘的记忆。

同样的，在二宝妈那里，她和女儿的相处时光也是如此久违和弥足珍贵——平时还有个捣蛋鬼儿子在当中搅和，哪有这等大好机会？

打电话给领导：喂，想你儿子了吗？

想，真的很想……

再问：难得有机会和女儿单独相处，开心吗？

开心，真的很开心……

不知你们是否有这样的感受和共鸣：

童年时代，每每我病倒时，仿佛体验了一场灵肉分离的"洗礼"。抱病的肉体，遭遇折磨苦不堪言；但精神上，却反而有些自虐般地"享受"这病恙中的特殊优待。

譬如，我那个神龙见首不见尾的大学教授爸爸，会破天荒地请假天天陪在我身边和我聊足球；譬如，我那个让学生"鬼见愁"的班主任妈妈，会温柔似水地给我端茶送水，烹饪喂饭……

全家人的爱，在那几天都紧紧包裹着我。我甚至有些"病态"般地特别怀念和留恋生病时的"好时光"，对逐渐康复的身体有些小小抗议：哼，等我痊愈了，怕是没有这种待遇了呢。

借手足口病的光，这近十天的特殊时期，给了我和二宝妈从烦琐而庸常的日常生活中脱身而出的契机和勇气，可以心无旁骛地陪伴自己的孩子。而在往日，这样静静独处的慢时光，早已被快节奏的生活磨灭殆尽。

　　和儿子朝夕相处的时光,我们父子俩的战斗情谊得到了进一步的升华。

　　昨天,隔离周期接近尾声,AB 两大团队会合,姐弟喜重逢。当爷爷奶奶外公外婆妈妈姐姐一个个喊着弟弟的名字时,小家伙竟然怯生生躲在了我身后,紧紧抱着我的腿,俏脸绯红,朱唇紧抿,就不答应。

　　我猜,他就跟我童年时一样,心里正嘀咕着:怎么大家都回来了?爸爸没法陪我一个人玩了吧? 早知道,我就继续生病下去了呢,哼……

　　　　因为我知道你是个
　　　　容易担心的小孩子
　　　　所以我将线交你手中
　　　　却也不敢飞得太远
　　　　不管我随着风飞翔到云间
　　　　我希望你能看得见
　　　　就算我偶尔会贪玩迷了路
　　　　也知道你在等着我
　　　　我是一个贪玩又自由的风筝
　　　　每天都会让你担忧
　　　　如果有一天迷失风中
　　　　要如何回到你身边
　　　　……

　　特别喜欢陈升的这首《风筝》,喜欢他不羁中透着暖意的咿呀小调般的唱腔。念着歌词,情到深处,我觉得鼻子好酸。心疼病中受苦的孩子,却又留恋和怀念着彼此依偎彼此取暖的情景,百感交集。

漫漫暑假，家有两娃

这两天，我在朋友圈接连发了若干条惨绝人寰的记录，同情和嗟叹的留言，数不胜数。作为一个受多方邀请的母婴界 18 线网红，我本该身兼重担地出现在这两天热火朝天的母婴展上，为你们搜罗最前线的战报。

然而，作为一枚全职奶爸，在这个度日如年的漫长暑假里，我只能苦哈哈地和家里两个熊娃长相厮守，断无闲散精力和富余体力，投身到微信号的工作中。谢谢你们体谅我的不专业，依然不离不弃。既然写不出关于母婴展的文章，我就写写自己这段时间的各种苦水和吐槽——暑假带娃，也是你们的痛点，对吧？

我截取这段时间里的普通一日，尽量还原当时的现场，用最真实的笔墨和数据，看看我家姐弟俩一天要"恶战"多少场，又要哭嚎多少次？就以我童年时代最爱的游戏街头霸王为蓝本，来描述这个惊心动魄的战斗日吧。

▶ 早上 8 点　第一回合

弟弟从起床那一刻，就开启了小恶魔模式——他最乐此不疲的事，就是如风般冲到我的房间，把所有灯的开关全部打开，嘴里高喊：爸爸，起床了！

姐姐变身"女侠",强行掰走开关上弟弟的手,怒怼道:弟弟,爸爸晚上文章写得很晚,你让他再睡一会!胳膊拗不过大腿,小恶魔撼动不了女侠的神力。弟弟哇的一声就哭开了,带着委屈,又带着向我求救的意味。我耳边嗡嗡作响。

弟弟一哭闹,就爱躺在地上打滚。我很感谢姐姐的路见不平一声吼,可我再也睡不着了。

本局战果:姐姐赢

▶ 早上 9 点　第二回合

吃早饭应该是件简单又快乐的事,居然也能产生摩擦。一杯牛奶泡麦片,姐姐要先倒牛奶,再往里面撒麦片;弟弟则反之,非得碗里盛满麦片,再往上浇牛奶。

一个土象摩羯女,一个紧挨着处女的天秤鸡糟男(二宝爸注:鸡糟指事多,惹人烦那种),都对秩序感有着近乎偏执的热爱。你不按照 Ta 的路数做,简直可以要 Ta 的命!

早饭怎么吃?都要顺着心思来,否则就是又哭又滚……

看着两娃面红耳赤要搏命的架势,我只能简单粗暴地抢过牛奶麦片:我拿到厨房去泡,谁都别过来看,再烦,早饭都别吃了!

本局战果:姐弟打平

▶ 早上 10 点　第三回合

按照我设定的计划表,上午需要给姐姐辅导学习 1 小时。无奈家里地方小,我和姐姐刚看上 5 分钟不到,弟弟就探头探脑地凑了上来。

这是场暗流汹涌的争宠局面,心细如发的我,早已心知肚明。可看得再明白,却也无力摆平三人间这纷繁芜杂的关系——弟弟干扰姐姐

做功课，被我训斥一番，小家伙顷刻间哭得梨花带雨；我扭头去安抚弟弟，莫名其妙失宠的姐姐，也哭了，气贯长虹，势如破竹，欲与弟弟试比高，我说的是分贝。

整个上午，姐姐，想要做一个安静知性的美少女，基本上，很难；整个上午，弟弟，化身为一个惹是生非的混世魔王，要降伏，很难。

此处，已经省略了两娃抢玩具、抢绘本、抢我手机、抢着在黑板墙上画画（其实是占地盘）等局部摩擦若干起。

上联：拳打脚踢，各种摩擦

下联：鬼哭狼嚎，多如牛毛

横批：无语凝噎，此处留白

本局战果：场面太乱，裁判无法统计点数

▶ 早上 11 点　第四回合

幸运的是，家里还有阿姨，爷爷也会经常过来帮我解围。上午的难熬时分，有帮手相助，尚可咬牙坚持。约 11 点时，爷爷回家，阿姨做饭，接下来的一小时，是一天里最灾难的时刻。

弟弟是个人精，摸透了这是防线最薄弱的时刻，每到此时，就吵着嚷着要下楼玩；因为"利益捆绑"的关系，姐姐在一旁煽风点火，与弟弟临时结盟，跟着起哄：爸爸爸爸，我们要下去玩！

"宝贝们，很快就要吃午饭了。现在还是最热的时候哦。爸爸答应你们，等你们下午睡醒了，一定带你们去玩，好吗？""不要，要玩，要玩……爸爸爸爸，爸爸爸爸……"号啕大哭，男女二重奏，直冲云霄。

都说孩子叫爸爸时最温暖，可我却感觉那一刻寒彻透骨，如坠冰窟。我好担心邻居路过，还以为我在虐童。最后，只能祭出大杀器，把二宝妈精心藏在我臭袜子堆里的 2 台 iPad 逐一取出。你们懂的，世界终于清静了……

本局战果：姐弟组合拳 KO 我

▶ 下午1点　第五回合

和阿姨对付两娃的午饭，虽然也会经历"把儿子塞进餐椅小哭小闹一下"的境遇，但相比上午地动山摇的两娃大战，根本不算事了。

最头疼的环节之一，是饭后如何把熊孩子们抓进房间午睡。我一直很佩服幼儿园的老师，他们到底有何等魔力，可以让一群娃乖乖地并排躺着睡午觉。我修炼不出这等技能，只能妥协迁就"一集动画片"后再睡。

然而，抢遥控器大战再度打得荡气回肠。弟弟要看海底小纵队，姐姐要看楚乔传。最后我的处理办法是随机得罪一个人，今天弟弟失意地躲在角落嚎叫，明天轮到姐姐红着眼睛嘤嘤抽泣……

好在，两娃睡午觉还算争气。我用"比赛谁先睡着"的竞赛机制玩起激将法，小家伙们果然着了道，先后睡着了。这可能是我一天里最幸福的一两小时。趁着姐弟酣眠，我抓紧时间掏出手机回复积累了一上午的消息，少说也是百来条。

本局战果：姐弟打平

▶ 下午3点　第六回合

通常情况下，姐姐先从午睡中醒来，也不知道是从哪里遗传来的起床气，小美女几乎每次醒来，就是各种作、各种不爽，哭得我又懵圈又生气。最后，自然是吵醒弟弟，两个熊孩子不经意间又组成了"撒泼打闹联盟"，就差把整个房间都掀翻了。而我，晕头转向到都快站不直了。

　　为了安抚情绪，我和阿姨赶紧拿出新买的水蜜桃，来拍小家伙们的马屁。但是，这等好事居然也能哭——一个要喝鲜榨的水蜜桃汁，另一个偏偏要吃水蜜桃果肉。这都能差点干一架，简直匪夷所思啊。但是！自己生的娃，含泪也要带下去。

　　本局战果：姐弟组合拳再度KO我

▶ 下午3点30分　第七回合

　　给姐姐收拾好装备，准备带她去小区会所上游泳课。我要带着两娃中的一个单独出门，能金蝉脱壳顺利脱身的概率基本为零。

　　当我和姐姐准备悄无声息溜出去时，弟弟发现了，冲过来死死抱着我的腿，一定要跟着。好吧好吧，带你去看姐姐学游泳吧。

　　看着弟弟每次拿着鞋子要跟我出门的楚楚可怜样，我总会不忍心。

　　泳池里，姐姐跟着私教学游泳，浪里白条，舒适惬意，时不时朝着

泳池边的我和弟弟做出嘚瑟的表情；一脸艳羡的弟弟，唯有在岸上号啕大哭，恨不能拉着我一起往水里跳。看着姐姐在水里嬉戏的场景，弟弟羡慕到哭声震天，我心里也不是滋味。

你们也许会问，为什么不带弟弟一起下去游？惭愧，会所价格昂贵，我又是旱鸭子一只，当初并未想到给自己办卡；其次，一拖二去游泳，无论是水中看护，还是游完以后的淋浴更衣，要同时把两个孩子伺候好，实在太难了，我没有信心。

我对无缘下水的弟弟特别愧疚，并试探着问姐姐：下次，我带弟弟去爸爸办卡的健身会所游泳，你留在家里做功课，让阿姨陪你，好吗？弟弟一直没有机会游泳，我也想带他下下水。话音未落，电光石火间，姐姐哇的一下，就哭了出来，斩钉截铁回复四个字：绝！对！不！行！

本局战果：姐姐赢

▶ 下午 4 点 30 分　第八回合

趁姐姐跟教练学游泳那会儿，我赶紧带着弟弟到小区走动几圈，分散注意力，小家伙总算不哭了。等姐姐下课后，我和弟弟把她接回家。此时，"后援大军"爷爷奶奶驾到，我终于能缓口气了。

严厉的奶奶把姐姐带到小区门口的钢琴培训班，开始练琴环节。弟弟又哭了，死活要跟着去。我已经没体力这么耗下去了。心一横，愣是不理会。不多久，见无人搭理，弟弟哭声渐轻。我以为，暴风雨总算停歇。

偏偏就在这风平浪静的好时光，快递上门取货了。这铁门一开，就跟潘多拉魔盒被打开似的，心如止水的弟弟，瞬间被撩拨到波澜四起，5 秒钟切换到哭嚎模式，喊着要出去找姐姐。

哎，姐姐去弹琴了，你不是答应爸爸不去找姐姐了吗？

那我要去找妈妈！

妈妈还没下班呢!

那我要去找姐姐!

姐姐去弹琴了啊!

那就去找妈妈吧!

妈妈还没下班呀!

哇⋯⋯⋯⋯⋯

如果我的脑回路是一段代码的话,这段死循环可以直接让我栈溢出。

本局战果:弟弟KO我

▶ 晚上6点　第九回合

二宝妈妈终于回来了。我终于可以解放了。

两个娃飞奔而去,都抢着去抱妈妈的大腿。身体卡位的架势和强度,比世界杯的对抗还激烈。落后的那个,居然又哭了。(大多时候,姐姐赢)

这都可以哭啊?不是两条大腿吗,一人抱一条不好吗?别说,我还是有些吃醋的。

本局战果:姐弟互有胜负

▶ 晚上7点　第十回合

晚餐,可能是一天当中最祥和平静的一顿,大概是人多热闹的关系。然而,晚饭之后,恶战再度开启。

晚上,继续给姐姐"充电",一起学习。好吧,我检讨自己,因为过于急躁和焦虑,用了很多不该用的词,甚至是人身攻击,把女儿骂哭了四五次。

看到女儿哭我还是很心疼的，每次骂完我就后悔和自责，但一辅导功课，就忍不住开骂。怎么办？此刻，又一次探头探脑的弟弟，却在旁边嘿嘿嘿笑，仿佛在说：大仇已报，姐姐，你也有今日呐！

本局战果：弟弟赢

▶ 晚上 8—9 点　终极回合

每晚的洗澡，是伤筋动骨的一场终极战役。原因很简单，谁都不肯先去洗，好像抗争到最后一刻的那个，才是赢家。

二宝爸用的办法简单粗暴：以抓壮丁的形式，随机拽一个进浴室。于是，鬼哭狼嚎的哭声，在迷你而又逼仄的小空间里飘荡，回音绕梁。那个还没被拖进浴室的"幸运儿"，露出胜利的笑容。

总算把两个娃依次洗完。阿姨在的时候，我们还算轻松。若是赶上周末和节假日，那真的是累到不成人形。还没完，每每给弟弟冲泡奶粉，姐姐总会如鬼魅一般，不知从哪里冒出来，拿过奶瓶小酌一口——这一幕被弟弟看在眼里，哭得那叫一个撕心裂肺，仿佛被人横刀夺爱。

奶瓶被姐姐拿去喝了，这是物权意识比较强烈阶段的孩子，所最不能接受的。阿姨充当和事佬，连骗带哄把鼻涕眼泪齐飞的弟弟拖进房间，房门一关，世界总算清静……二宝妈横眉冷对，怒目圆睁，把嬉皮笑脸的姐姐拖入另一个房间，房门一关，世界终于属于我了……

本局战果：姐弟打平，我才是最大输家

差不多每晚 10—11 点以后，等两个娃香甜入眠后，我才能获得来之不易的自由身。此刻，万籁俱寂，耳根清净，打开电脑，思如泉涌。你们没看错，每日早上 8 点新鲜出炉的推送，几乎都是凌晨 2—3 点才紧赶慢赶完成的。我已经记不清有多少次，凌晨五六点醒来时，人端坐

于电脑椅上，双手还放在键盘上，以这个姿势酣睡了很久。而电脑屏幕上，文章还处于未完成的状态。

这就是一条公号狗＋一个全职二宝爸在暑假里的常态生活，有苦楚，也有甘甜；有辛劳，亦有幸福。两个孩子，会争吵，会斗气，会哭成一片，此起彼伏；但更多时候，他们是相亲相爱的，是让人心生温暖的。那才是二胎生活的主旋律。

请不要被以上的文字所蒙骗，我很快乐，心甘情愿被两娃虐。更不要被以上的文字所吓倒，苦中作乐，更能体会幸福的价值。

关键词二

佛系教育观

曾是台麻木的考试机器，
为何变成了快乐教育的温情奶爸

　　这个周末，有两篇文章在我的朋友圈刷屏。其一，讲述了太平洋上渔船里 22 人被杀的一场屠戮；另一篇，是监考老师在考场挣扎去世，而所有考生竟然熟视无睹在淡定中完成了试卷。

　　两篇文章都深深震撼到了我。前者，茫茫海上的幽闭船舱内开出了人性恶之花，尚可理解；而后者，一群含苞待放的中学生对鲜活生命的麻木冷漠，简直让人不寒而栗。

　　我出自教师世家，童年记忆里最温暖的片段之一，就是随父母去学堂监考。我在窗外看着爸爸（妈妈）威严又亲切地站在讲台上巡视，学生们埋头疾书。考毕，哥哥姐姐们雀跃得像快乐鸟，更会把我搂在怀里，游戏、嬉戏。

　　考场上的孩子们，本该是一幅温情画面，怎么在今天，突然就切换成了阴郁又晦暗的色调？画面的主角，怎么就化身成了一个个面无表情、面容模糊的冷血人？

　　精致的利己主义现象，从大学生蔓延到中学生身上，或许和根深蒂固的中国式教育密不可分。但这个话题，远非我一个草根父亲可以批判或改变的。何况，我们自身也是应试教育的产物，也深陷当下这个"成功学"和"功利论"至上的社会中，无法独善其身。

　　但是，为人父母的我们，依然还有很多空间可为。我个人特别赞同"用爱来养育下一代"这个观念。我们童年时所经历的很多事，对我们的影响之大超乎想象。心理学家也经常说，可以观察的性格行为，只是露出海面的冰山一角，而海面下的部分，和婴童时期对世界的感知有相当深刻的相关性。

　　给孩子创造一个有爱的环境，让孩子感受到这个新新世界对他的到来充满善意，那么这种感受会陪伴着孩子，进而影响其一生。我一直很感谢我的父母，他们让我知道：这个美丽世界，除了分数，还有花和阳光，以及诗和远方。

　　犹记得自己的小学时代，用现在的流行词来说就是"学霸"一枚。一摞又一摞的成绩单上，除了语文，剩余科目全部清一色一百分——俨然一台零失误的考试机器，高效又忠实地运转着。

　　但，一次小小的闪失，几乎摧毁了我。一次数学考试我拿了98分，虽然依然全班第一，但这个分数于我而言，是不可原谅的，更无法面对我那严苛至极的父亲。

　　下午放学后，我像只胆怯的猫咪，蜷曲在教室角落，泪水打湿了试卷，我始终没有勇气迈出教室半步。班主任的劝慰，于事无补。直到带着愠怒又焦虑表情的父亲的到来，他如同捏着一只受惊小猫的脖子般，把我连拖带拽带回了家。

　　"别跟我说试卷难，我就问你，为什么会没有满分？是不是复习偷懒了？""但我……还是班里最高……""我不管。别人在你这个年纪，早就是中科大少年班的大学生了，你却连这么简单的试卷都会犯错？！"

　　母亲看不下去了，拔刀相助说了一句我至今记忆犹新的话。"你考试就没做错过？你凭什么要求你儿子？他做得够好了。人家爱因斯坦在你这个年纪早就是科学家了，你呢？"父亲不作声。母亲"仗义执

言"的这句话直接戳中了他的痛点，甚至打动（醒）了他。

一场家庭战争后，爸爸就像变了个人。他再也没有对我有过分数的苛求，取而代之的是"儿子，尽力就好"。我也如醍醐灌顶般对自己说，"去你的分数！我又不是考试机器，何况机器都有罢工的时候。我不要把自己搞得那么累。"

彼时，我甚至知道班里有同学把我当作了假想敌，只要考试分数比我高就能拿到额外零花钱；而我的父母已不再给我提任何要求，唯一希望我在学有余力的时候多帮助别的同学。那段时间，总不停走马灯似的换着同学来我家做作业，房间里满是嬉笑声。我变得格外轻松和洒脱。

至今，我仍对父母心怀感恩。谢谢他们让我领悟到：两种不同的生活哲学，会有云泥之别的生活状态——端着恃才自傲的架子，整个人会变得患得患失锱铢必较，生活的格局和视野也会狭隘局促；而怀着一颗虚怀若谷的心，整个天地就变大了，有太多新鲜又美好的事物等着你，看不尽，阅不绝。

当然，不看重分数并不意味着浑浑噩噩不付诸努力。过犹不及的后果也很可怕。进入大学后，我一度如释重负般失去了所有的学习动力，靠着小聪明和突击，也算磕磕绊绊度过了前两年。但是随着大三高强度的专业课程接踵袭来，我这套临时抱佛脚的招数完全无法应付。大三上半学期，我破天荒地迎来了四门挂科，整个人就站在了退学的悬崖边缘。

这对一路走来顺风顺水的我而言，打击是毁灭性的。我甚至想到了轻生，觉得无颜面对所有人。我行尸走肉般回到家里，站在门口号啕大哭，我的父母一句责备的话都没说，只是依次给了我一个大大的拥抱。紧紧搂着我时，他们温柔耳语道，"记住，不管发生了什么，你都是我们最爱的儿子。而且，我们相信，没有你迈不过的坎。"

更出乎我意料的是，我的父母居然临时决定去旅行社订了春节举家出游新马泰的行程。对于我四门挂科这样的重大灾难，他们一字不提，就当什么都没发生。那一次家庭旅行，是我人生最快乐的一次旅程，无忧无虑，吃喝玩乐，考试的破事早忘了。倒是那些花枝招展的人妖，存在于我深深的脑海里。

大三下半学期伊始，我脱胎换骨般有种"士为知己者死"的动力，补考全部顺利通过。期末考试前，别人都回家了，我一个人坐在 40 度高温的寝室里看书，汗如雨下，下笔如飞。最后，我神奇逆袭，拿到了奖学金。

如今，自己已为人父，老天眷顾，有一双可爱的儿女。对临近"幼升小"这个关键节点的女儿，我也坦率承认，不敢"冒天下之大不韪"，让女儿"裸奔"。英文、舞蹈、思维等课程也必须有所涉猎。但在我这里，我必须屏蔽掉"你怎么没有 ××× 认识的单词多""××× 已经会拼音了，你怎么还不会？"这种荒谬的句式。

我唯一憎恨的娃，就是"别人家的孩子"。我希望跟女儿沟通交流的句式是这样的："你今天享受到了吗？""你学会了什么新技能来跟爸爸分享吗？""你觉得自己还有努力提高的空间吗？"

我努力陪伴在孩子身边，不缺席 Ta 每一次成长的过程，注意自己的每一个言行举止；我带着女儿去过上海几乎每一个公园和主题乐园，满满的都是回忆；我把所有照片按照时间顺序分文件夹管理，备份在两个硬盘里；闲暇时候，我们用投影仪播放硬盘里的成长视频，一家人一起笑得没心没肺，这是最美好的时光。我甚至开玩笑说，如果家中发生火灾，我不抢钱不抢存折，而是一定要把硬盘抢出来，因为，那是我最珍贵的财富。

当下，我的女儿或许不识太多的字，二十以内加减法掰着手指都错误百出，但她却熟稔每一个游玩过的公园，对于和父母的每一次旅程如数家珍，回忆点滴片段时双眼放光，而说起自己的父母，小脸蛋上挡不住的，是满满的自豪。

这样就够了。健康，阳光，善良，担当，我对孩子的要求就那么多。庆幸的是，我的孩子们，正在我向往的这条道路上，一步一步地成长着。

前一阵，我的爸爸生了病，在病榻上也躺了很久。一直看不到爷爷的女儿，嘴上不说什么人却有了些变化：不怎么爱买零食和玩具了，穿漂亮衣服的欲望也并不高涨。前几天，她突然说有个秘密要告诉我。我把脑袋凑了过去，听到了这么一句吴侬软语：爸爸，我现在不想买玩具了，我要把钱都省下给爷爷治病。一瞬间，我眼睛酸了。

犯罪心理学家李玫瑾曾说："对一个人最大的约束，是情感。"而有一些犯罪人，恰恰是没有情感的。没有情感，便没有约束。我无意诋毁，但本文开头提到的这群孩子，在考场上，或许恰恰就是没有感情的考试机器（原谅我用这个字眼比喻我们的祖国花朵，或许我曾经也是）。

在这个丛林法则已成既定事实的社会，我们无法独善其身，无法置身事外，甚至不得不被这股洪流裹挟着前行。但我们，可否在塞满"功利论"和"成功学"的心田里，为自己、为孩子开辟一块小小的柔软之地呢？

只要心中有爱，清风自会徐来。

一个全职父亲的幼升小回顾

知乎上曾有个提问，在短时间内，收获上万条点赞。

"为什么有些人开车到家后会独自坐在车中发呆？"

那个获赞无数的回答这么写：很多时候我也不想下车，因为那是一个分界点。推开车门你就是柴米油盐、是父亲、是儿子、是老公，唯独不是你自己；在车上，一个人在车上想静静，抽根烟，这个躯体属于自己。

昨日上午，手机上响起一个陌生来电。我像只受惊的小鹿，握着方向盘的手开始颤抖。期盼已久，却又惊惶失措；意料之外，却又夙愿将成。是女儿被录取的电话，那个我们最心仪的学校。

挂掉电话，我把车停靠在路边。艳阳下，是川流不息的车辆。车厢隔绝出的静谧空间里，我体会到了久违的肆无忌惮和无所顾忌。我放平座椅，放纵身体，把整个人拉伸到极致，狠狠地怒吼起来。长长的尾音在车厢内回荡，堵在胸口的积郁之气，在那一刻全部迸发了出来。

我向来认为自己阳光乐观，从不是一个矫情之人。我不曾想到，接到电话那刻，猫在车厢内的我，竟会情绪失控，变成了自己最不希望看到的样子。当过去的一幕幕场景如走马灯在脑海闪回时，唯有用百感交集这苍白的四个字，为这个被裹挟在幼升小洪流中身不由己的普通父亲，做注脚，做回望。

二宝爸今日所写，既非经验之谈，也非上岸之路的回顾。谨以此记录一个普通爸爸愁肠百结的点点心绪。

背水一战的辞职 VS 竹篮打水的风险

去年年底时，我毅然从体制内跳了出来，成为一个在家相妻教子的全职奶爸。我不会用"我这么做都是为了你"这种所谓站在道德制高点的说法，去给孩子徒增压力。但我心知肚明的一点却是：辞职的很大因素，的确是想更投入、更心无旁骛地为孩子的学习之路助推一把，甚至，我渴望和两个孩子一起并肩作战。

离开那个旱涝保收的体制，意味着开弓没有回头箭。表面嘻嘻哈哈的二宝爸，心里的惶恐和压力又有谁知？一个风险厌恶者，为了孩子果敢冒险，如果回报和付出不成正比，如果全情投入只换来冷场和寂寥掌声，真的不甘心呐。

卖学区房 VS 挑战民办

差不多 8 年前，魔都著名的篱笆网上有一条热帖，作者是我。帖子的标题放到现在，一定是爆款——《我把学区房，卖了》。彼时，因为我家没有电梯（7 楼多层的 6 楼）这个硬伤，我选择把这套毗邻某公办名校的学区房卖了。持币再购时，我选择了无论地段、小区环境还是车位数量都远胜旧房的高档楼盘。唯一的缺点：它不是学区房。

换而言之，我用学区房的附加值，等价换取了我更在乎的居住环境。在我的价值观里，小桥流水和鸟语花香，也是让孩子茁壮成长的馈赠。

当时，实在没有足够的能力选择环境、地段都好的学区房，只能在我的价值体系内，在学区和环境之间做出选择。

那则热帖里，两方意见吵作一团。有人鼓励和赞扬我是个好男人，并不拘泥于那张名校的入场券；更多的，是怒其不争的声音：你这个准爸爸，糊涂啊！等你孩子要上学时，你就知道后悔了……

切换到眼前。当我每晚和女儿"秉烛夜读"时，我总会情不自禁想起那句意味深长的"你会后悔的"。我问自己：每日陪读，累吗？很累，心力交瘁；卖掉学区房，后悔吗？没有，如果能重来，我的选择不变。我可以平静接受家门口最普通不过的公办小学，我也会带着女儿一起摩拳擦掌挑战顶尖民办。坦然面对，两手准备；得之我幸，失之我命。一切都与学区房无关。

自己是学霸 VS 要操心渣娃

每一个辅导孩子功课的爸爸妈妈，一定会感同身受：真的要被自己的娃气死了，恨不得河东狮吼一通。

如果以上场景放在一个从小到大考第一名、中考高考全都被提前录取的学霸爸爸身上，这股怒气燃烧值，可以几何级增长。不好意思，这个学霸爸爸，说的就是我。

个位数加法换成减法，马上一脸懵圈；读了无数遍的绘本，依然大把生字记不住；英文读起来总是囫囵吞枣……看着女儿扑闪着大眼睛无辜地摇着脑袋，生无可恋的学霸爸爸既不舍得打，又舍不得骂，只能把一长串脏话生生咽了下去。

唯有仰天一声长叹：当年我的爹妈真是太幸福了，我在学校读了什么他们一概不知，万事不操心；怎么到我身上，就摊上这么一个不省心的"渣娃"呢？血都吐了一脸盆。（二宝爸旁白：渣娃是论坛术语，纯属自嘲，不含任何贬义）自己养的渣娃，含泪也要鸡下去。

超级奶爸育儿手记

默默舔舐压力 VS 女儿没心没肺

张爱玲在《半生缘》写过这句话——中年以后的男人，时常会觉得孤独，因为他一睁开眼睛，周围都是要依靠他的人，却没有他可以依靠的人。孤独的人不可耻，他只是想把所有问题都自己扛。

每天早上把孩子和领导送走后，我愈来愈喜欢"赖"在车里，和自己独处，和自己对话。人到中年，真的是敏感又脆弱。端详着后视镜里日渐臃肿的身躯，觉得自己百无一用。身材管理早已自暴自弃，连孩子初生牛犊的头一遭考试，都搞得自己殚精竭虑、前路未卜。

好在，自己还有颗倔强的脑袋，像头蛮牛般执拗地向前顶着，能帮孩子撬开一条前路就好。已经记不清多少个晚上，我辗转反侧无心入眠，寻思着还有多少知识点未曾掌握，还有多少绘本尚待消化，还有多少习题册急需攻破。想着想着，再也睡不着了。一骨碌起身，掏出纸和笔，噌噌噌地写下来，密密麻麻。身旁香甜睡熟的女儿和领导，浑然不知。好好睡吧，就喜欢你们俩"少年不识愁滋味"的样子。有我在，请继续没心没肺地生活下去。

自鸡 VS 思维班

前两天的文章《孩子，就算一场幼升小让整座城市颠倒，我会给你怀抱 | 写在魔都幼升小后》里，我把自己描绘成了堂吉诃德——

你们也许会笑我，我就像一个孤独的、和风车战斗着的堂吉诃德，用自己尚存的一丝美好幻想，试图以一己之力带着女儿一路前行。

也许我算得上一个异类。我始终觉得，那些思维培训班的商业模式并非传道授业，而是制造焦虑、贩卖焦虑以及变现焦虑。这让我心生抵触。

如果我参加了机构培训，等于和他们成为了一个战壕的战友，一荣俱荣的结盟关系。这是不是意味着，我成了"煽风点火"有意或无意传播焦虑的那一分子？

而诸如某论坛、某岛等牛蛙父母云集之地，我除了获取各种实用信息外，选择性失明地忽略了其他内容。一个人 VS 一个体系，业余 VS 职业，赤手空拳 VS 全身武装，我现在所努力的，很可能是蚍蜉撼大树，徒劳无功。也许有一天，我也会妥协，投身到各种培训班的怀抱。但至少，我现在还想试一把。

不管与你的路有多苦，擦干眼泪告诉自己不准哭。我不怕谁说这是个错误，只要你我坚持永不认输。

陪伴孩子 VS 打理公众号

这几个月来，我前所未有地充实。闲云野鹤惯了的我，人生从未被安排得那么满过。白天，我是育儿师＋自由撰稿人，陪伴儿子的间隙，要敲打出我这个小小公众号的每日推送；晚上，我是育儿师＋辅导老师，我希望用知识把女儿武装起来，并肩打出一场漂亮的战役。

多个身份，满负荷运转，日夜连轴转。孩子学业不能松懈，养家大计不可停歇。我只有夹缝里喘息的时间，却没有停下脚步思考的闲暇。我是谁？我在哪儿？我想做什么？无暇思考。这也导致了最近公众号的脚步停滞不前，文章质量起起落落。

某种程度上，我是个"拧巴"的人。独木难支时，希望招兵买马把公众号越做越大；内心深处，又希望全部亲力亲为，保持原汁原味的公众号特色。

拧巴，同样体现在陪伴孩子和打理公众号上，既想两者兼顾，却又分身乏术。最后，生活的重心，倾向了家庭，冷落了读者。所以——感

谢你们的不离不弃。一个最认真的二宝爸，回来了！

（以上皆为大脑里闪回的片段，此刻我还坐在车里。）

回过神后，我掏出手机，把女儿被录取的消息，群发给了最关心的长辈们。

车里，正滚动放着我最爱听的歌：

夜空中最亮的星

能否听清

那仰望的人

心底的孤独和叹息

……

每当我找不到存在的意义

每当我迷失在黑夜里

oh~ 夜空中最亮的星

请指引我靠近你

眼泪，终于不争气地掉下来了。

每晚咆哮着陪做功课，
突然顿悟了"延迟满足"

最近这段时间，我过得形容枯槁。女儿的期中考试，每晚的作业车轮战，儿子的幼儿园择校……说了都是泪。化悲痛为力量，跟大家闲聊一个话题，灵感来自每晚陪读时的胡思乱想。作为一个毫无幼教专业知识的奶爸，一家之言，权作抛砖引玉。

每天下午接女儿回家，看着小家伙沉甸甸的书包，想着她在学校苦哈哈了一整天，怜香惜玉下不了狠手，总会在女儿噘起红唇楚楚可怜的俏脸前投降："好吧好吧，先给你休息半小时，爸爸陪你下楼玩一会滑板车／陪你看一会小马宝莉／陪你玩一把手机游戏……"

或许是性格所致，二宝爸的学生时代，是那种一放暑假就闭门在家三天足不出户，不做完暑假作业根本无心出门玩耍的乖孩子；而女儿随她妈，偏偏是另一个极端：放暑假要先疯玩一个半月，最后几天才玩命把暑假作业做完。

我对自己说：先苦后甜或先甜后苦，只是个人选择，没有对错，开心就好。因材施教，就让女儿这样吧，没心没肺的，也挺好。然而，想法很天真，现实很沧桑。

我遇到的后果是：玩后再做功课，女儿神情飘忽，学习效率低下，每晚都是折腾到深夜时分，才把学校作业完成，更遑论课外阅读和自身

提升了。期中考试的成绩，更是给了我恶狠狠的一棒。

痛定思痛后，我跟女儿说：我们试试回家先做功课，爸爸陪着你一起来互动交流，用最快速度把作业完成——我们结束战斗越早，留给你玩乐的时间就越多，怎么样？女儿欣然接受了我的提议。

尝试了一个多星期，我惊奇地发现，反其道行之的新作息，时间上非但没有捉襟见肘，反而每晚还能挤出一两个小时的睡前时间来，或和弟弟一起玩耍嬉戏，或捧起课外书翻上几页。我们的时间，如变魔术般回来了。用一个最近很火、争议也很大的词来归纳，这叫"延迟满足"。

1968 年，心理学家沃尔特·米歇尔主持了著名的"棉花糖实验"。每个孩子面前都摆着一块棉花糖。孩子们被告知，他们可以马上吃掉这块棉花糖，但是假如能等待一会儿（15 分钟）再吃，那么就能得到第二块棉花糖。18 年之后的跟踪调查发现：当年"能够等待更长时间"的孩子，也就是"自我延迟满足"能力强的孩子，在青春期的表现更出色。

这一实验结果公布后，人们兴奋不已，似乎找到了成功教育孩子的法宝，以至于在解释和传播的过程中断章取义，甚至添油加醋。很多父母因此得出结论：要想将来孩子更成功，现在就要训练他的控制欲望。

"延迟满足"是把双刃剑，使用时效很关键——孩子的年龄是一个分水岭，有效期仅限于 4—5 岁的孩子。4 岁以下的孩子，是建立对身边养育者的信任和亲密感的关键时期。他们大多并不具备延迟满足的能力，所谓延迟，对这个阶段的宝宝而言，受挫的次数多了，影响不亚于心理的创伤。在这一阶段，父母没必要刻意训练孩子的延迟满足能力，弊大于利。

二宝爸一直认为，孩子小的时候，我们努力给予他充分的满足和情感上的回应，那么，到了他五六岁时，我们适当地"扮演恶人"，限制孩子的一些不当行为，就不会那么困难——因为我们的孩子从小获得了足够的安全感和信任感，偶尔的限制和制约，并不会对孩子造成伤害。

这也是我突然画风一变，要求女儿回家立刻做作业，而后者并未抗拒的缘由。当然，延迟满足的重点，不是延迟，而是满足。延迟诚可贵，满足更重要。我没有开出遥遥无期无从兑现的空头支票，而完成作业后自由支配时间的激励则近在眼前，女儿的学习效率，得到了肉眼可见的提升。

几年前，知名女编剧六六曾在微博上讲了自己拒绝给儿子买乐高的故事，理由是"等你工作了挣钱自己买"。这条微博一度引发了持久的激烈辩论，在上千条评论里，有人问："等他工作以后，即便有 100 套乐高，但还会有如今玩玩具的快乐吗？"

撇开"延迟满足实验中，某些孩子未来会更出色"这样一个宏观的议题，就从效率论的角度而言，让孩子"先苦后甜"，先把眼前的任务完成再安然享受休憩，更容易提升效率，反之，则越忙越乱。简单说就是：只想图眼前轻松，则未来麻烦愈多。这个道理一点不高深，身边的例子比比皆是。

我家的住家保姆，人品老实、手脚勤快（我也曾专门写文章夸过她，详见《写在保姆电梯虐童后：找保姆的七大原则》），唯独一点让我稍有微词：工作效率不高，工作习惯有待商榷。

虽然我已经把姐弟俩的衣服分门别类，严格规定好了安放区域（短袖、长袖、裤子、配饰等，都有固定的抽屉和隔间），但阿姨整理衣服时，总是看到哪里空着就往哪里放，这导致每次要找衣服时，就特别花时间和精力，甚至怎么都找不到。就像很多人使用 windows 操作系统，收到各种文件，就喜欢杂乱无章地随手放在桌面上。接收时候是省力了，但一眼望去，满屏幕各种 doc/jpg/txt/xls 文件，环肥燕瘦，逼死密集恐惧症患者。

而事实上，每次多花十几秒，把文件放到指定的文件夹，或是把衣服放到指定抽屉，看起来稍微费了点功夫，但一目了然清清爽爽，以后取用起来，方便得不是一星半点。偏偏为了图眼前省事，把手头的东西随手一放，日积月累下来，一团乱麻的局面，就难以收拾了，不是吗？

各种例子，不胜枚举：

熊孩子把玩具扔得满屋都是，懒得花五分钟收拾房间，想着明天一起打扫，杂物遂越堆越乱，一片狼藉，无从下手……

我们读书时，遇到难啃的知识点或繁杂作业，宁愿先刷会儿手机或看集美剧，难题越攒越多，最终无心恋战双手投降……

踏上工作岗位后，明明有时间攻克手头的任务，不拖到 deadline 前一刻绝不开工动手，迎接自己的只有熬夜和抓狂……

平时出游给娃拍了很多美照，每每想备份归类又嫌麻烦，最后手机里数千张照片多到爆炸，再也没有整理的勇气了……

先苦后甜，苦尽甘来的美味，方能滋润心田；先甜后苦，由奢入俭的落差，难免心猿意马。

写这么多，你以为我只是简单粗暴地喊口号：请大家勤奋起来，努力努力再努力，奋斗奋斗再奋斗。非也非也。二宝爸这个人，从来不爱熬鸡汤，我更希望的，是以自身的经验，提供一种方法论。

咬咬牙，试试看，先把劳神费心的事搞定，把安逸和享受的那一刻，留到最后，这种厚积薄发的延迟快感，是不是很爽呢？哦，最后补充一句，有一件事是例外——

上菜时，第一口，我总忍不住要先吃肉……人生苦短……

人到中年，
把生活降维，让心情升维

这两天，我们这群中年父母，陷入了一个可能是近期"最丧的话题"：某通信公司 42 岁资深程序员跳楼事件。

2017 年 12 月 10 日上午，程序员欧某从某通信公司的大楼顶上一跃而下，留下四位老人和一对年幼的儿女，结束了 42 岁的生命。作为公司研发负责人的欧某，不久前刚被领导谈话，公司大规模裁员，要求他主动离职，并回收股权。他跳楼当天上午 9 点接到公司电话，让他去一趟，他出门前对妻子说的最后一句话是："领导要我去公司"，"我们公司有内部矛盾，我很可能成为牺牲品"。3 个小时后，欧某从研发中心大楼一跃而下。

欧某出生于湖南一个农村家庭，从小学习成绩优秀，本科考入北航，硕士南开，在华为工作 8 年，又在某公司担任研发负责人 6 年。他的前半生，是典型的寒门子弟通过自己的勤奋，成为中产阶级，改变贫穷命运的故事。如果不是这场死亡，他可能和千千万万个人到中年、事业小有成就的男人一样，过着表面上妻贤子孝的幸福生活。

可是——这幸福背后，是压力，难以喘息；这幸福背后，是薄冰，一击即碎。他的后半生，除了坠楼的那声巨响，一切化为云烟。

二宝爸的大部分读者，是跟我一样的 80 后，到了一个如履薄冰、

"连病都不敢生"的非常时期。这样一则新闻，在别人看来，或觉得触目惊心，或是一声嗟叹；而于我们这样一个群体而言，却有着强烈的代入感，甚至用唇亡齿寒来形容，也毫不夸张。好几个相熟的读者，在微信上主动找我聊起这个话题，一聊就是大半夜。

岁月渐长，愈发慌张

"80后只有拼搏的义务，没有放弃的权利。"字字惊心，透出的，是满满的沉重感，压得让人喘不过气。我果断决定，打开电脑，来写点什么，驱散这堵在胸口的雾霾。

我们都是育儿路上的战友，也不怕在你们面前自揭丑事：前阵子二宝爸头痛欲裂，反反复复检查，找不到任何病因——虽说长期熬夜透支健康是元凶之一，但那阵子钻进牛角尖的极度焦虑情绪，与这毫无征兆的头痛，也难脱干系。

在别人看来，二宝爸提前过起了闲云野鹤的居家生活，又不用上班，又能陪孩子一起成长。而只有当自己义无反顾跳出体制，踏上了开弓没有回头箭的全职之路后，我才意识到，这条荆棘之路，有多么难走。心理上的桎梏和重压，让我变得患得患失。

上班时玩票似的打理育儿号，做不好大可推脱说是副业而已；而当全身心扑进去还做不出名堂时，那就是自己的能力问题了。

心仪的国际学校，高攀不上；向往的宽敞住房，置换无望。当女儿想要一间"独立闺房"的少女梦想，在我拮据局促的养家能力面前，被迫戛然而止时，这几乎成了压垮我的最后一根稻草。

我最感谢的人，是二宝妈。她的豁达、大气、淡定乃至"没心没肺"的生活态度和哲学，某种程度上，正是我缺失并极度羡慕向往的。她带着怜惜，又带着些许愠怒，对我说：买不起大房子，一家人热热闹闹聚在一起也挺好。没有女儿的房间，我们就给她改造一个小房间出来吧。你为什么要给自己压力？为什么非要换大房子？

那一刻，我突然有种醍醐灌顶、豁然开朗的感觉。对啊，与其一味死磕超越自己能力范畴的事情，给自己徒增烦恼和压力，为何不退而求其次，先做好自己，再伺机而动呢？

降维式的生活

降维，是这两年的一个热词。我对自己说：生活，是不是也可以来一场"降维攻击"呢？"降维攻击"，这个词，来自刘慈欣的小说《三体》。里面有个"二向箔"，这玩意可以把所有接触者从三维降维到二维，是高等文明的清理员用来打击太阳系文明的武器。

网络上，也不乏大咖和意见领袖们，大谈特谈"降维攻击"。大体意思是说水平不在一个层次，思维不在一个层次的战斗。例如我们生活在三维空间，除了平面以外，还有深度，但是对于蚂蚁来说，蚂蚁只知道前后左右，没有上下，那么它的世界就是二维的。这点上，我很佩服二宝妈的睿智，几句话就把我点穿，让我一下子想明白了很多事情。做一只二维世界的快乐蚂蚁，不是坏事。

横向比，纵向比，处处比。多维的、全方位的比较，让人无处遁形，逃无可逃。我的寝食难安和无病呻吟，不就是源自比较吗？

二宝爸尚在媒体时，体制内的日子虽清贫，倒也逍遥快乐。业务上，做到了头版编辑，基本算是在自身领域攀到了"顶峰"；全职投身到自媒体行业，在上千万个公众号海洋里，虽说海阔凭鱼跃，却在能人辈出的环境映衬下，愈发觉得相形见绌。

这山望着那山高。这边，几十万级的大号让我高山仰止；那边，百万级大号更让人可望不可即。迷失了自我，弄丢了自信。现在回头

超级奶爸育儿手记

想来，不免带着苦涩的笑。

纵向比，看看自己是不是比过去有所进步即可，何必非要无穷无尽地横向和人较劲呢？你又不是王思聪，这注定是庸人自扰，日子没法好好过了。

二宝爸不拜金、不虚荣、不物质，三观极正。但看到网上曾经传过的一张热图时，还是不免有些唏嘘。所谓条条大路通罗马，可有些人，就出生在罗马。这怎么比呢？我们要做的，很简单。把生活降维，让心情升维。

知乎上，关于程序员跳楼的话题，有人写道——

一个腾讯出来的总监，40岁左右，高薪去了华为呆了半年，因为企业文化等等各种原因又被赶了出来，着急得天天睡不着觉问我咋办。

我说："你有啥好担心的？"

他说："我还有两套房子贷款要还呢，一个月就要还3万多。"

我说："你卖一套，把另一套贷款还上不就行了。"

你看，把生活适当地"降维"一下，不就柳暗花明了？

换不起大房子，那就改造先。撸起袖子，来一场"梦想改造家"，会是平淡生活里最带劲的佐料。国际学校学费高，谁说非去不可？家门口的公办也不差啊。再不行，拼一把民办小学，无论成功与否，享受过程，也是人生一场难得的体验。向往的国家，旅行费用高高在上，那就先从家门口的小岛玩起，我们不求一蹴而就，慢慢攒钱，总有圆梦的那一天。

当二宝爸放弃了遥不可及的换房念头时，突然发现，手头这一笔小小闲钱，能做太多有趣的事情了。整个世界，整个生活，不再是那道只能选择"埋头苦干"的单选题，而是有太多丰富多彩的选项，任君挑选。

最后，脑袋一热，二宝爸跑去泰国海边，给女儿买了套她最爱的海景小公寓。

面朝大海，水清沙白。躺在沙滩上感受着太平洋的习习海风时，我整个人彻底松弛了下来，居然……头再也没痛过。

我们成年人，有时入戏太深，非要一厢情愿地以为，给孩子住宽敞豪宅，上贵族学校，吃鱼翅鲍鱼，周游最奢侈的国度，才是对他们好。殊不知，在孩子的世界里，父母的陪伴，才是最弥足珍贵的。

我清楚地记得自己的童年时代，让我自豪的，永远不是自己买了多少新衣服、下了多少馆子、坐拥多少变形金刚，能让我把自豪和幸福写在脸上的，是父母又陪我去了多少地方，共度了多少美好时光。

当微博、微信这些社交媒体无形中占据了几乎绝大部分的碎片时间后，我们的生活被各种欲望撩拨得五光十色，却又被欲望搅和到支离破碎。所以，不妨主动地把生活"降维"，心无旁骛地陪伴在孩子身边，关上手机，扔掉杂念，静静享受这千金不换的亲子时光。

越简单，越快乐；越单纯，越自在。生活的哲学，大道至简，无欲则刚。降维生活，某种程度上，和二宝爸前面所写的佛系，有异曲同工之处。我们，不是无欲无求，而是不苛刻强求。尽自己努力后，一切随缘，知足常乐。好高骛远，太累；妄自菲薄，太废。

用适当的降维生活战略，升维我们的心情，燃起拥抱生活的热情，激起直面生活的勇气。这样的人生，刚刚好。

我就是那个佛系奶爸

　　后知后觉的我，这两天才知道了一个风靡网络的热词：佛系。所谓"佛系"，指的是生活虐我千百遍，我待生活如初恋。再糟糕的事，都能以佛法主张的淡然心态面对。

　　比如，"佛系追星"，不混圈、不掐架，专辑出了就砸钱；"佛系化妆"，涂了口红就是化妆；"佛系健身"，酒肉穿肠过，佛祖心中坐……又比如"佛系买家"，在某宝购物时，全程与店家零交流，默默完成买货、收货、系统自动点评——商品质量好，不写好评，商品质量差，不写差评。通常，被称为"植物人买家"。二宝爸一看，乐了。说的不就是我嘛。

　　作为一个拥有两个账号，且分别是五黄钻和四黄钻的剁手狂魔，我没给过一个中差评，几乎从未退换货（买小了给我爸穿，买大了当hiphop风格穿），从不写评论拿返现，几乎都是如小透明一般自助下单购物。总结下来，所谓佛系，就是一种"皈依我佛"，看淡一切，以平静的心态笑看云起云落、追求爱与和谐的精神状态。

　　越看越有趣，我心底一琢磨：咦，按照这风格，在家长圈子里，二宝爸正是那不折不扣的"佛系育儿派"。时刻把"世界和平"奉若至宝：无论是娃把房间弄得狼藉一片、功课考试惨不忍睹、育儿狗血事故不断……哪怕再大的怒火，我这佛系爸爸都能冷静平息，再淡定地解决问题。吼娃？基本没有的事。

　　现在的家长圈，环肥燕瘦什么款式都有。严格至上的"虎妈"、军事管理的"狼爸"、温柔呵护的"象妈"、魔鬼训练的"鹰爸"等，名目繁多。如我这般佛系家长，到底算是一股清流还是泥石流呢？我也不知道。那就列举几个佛系爸爸的育儿场景吧。看看你们能中几条。

场景一：家长群

　　在女儿的小学家长群里，身为佛系爸爸一枚，基本就是小透明的存在。没有把群置顶，也设置了免打扰模式。每天晚上，花五分钟爬个楼，扫一眼聊天记录，看看有没有作业遗漏，足矣。

　　怕纷繁芜杂的信息让我眼花缭乱，又怕望尘莫及的牛蛙们扰乱了我的心绪。在群里聊天唠嗑，和一众妈妈们打得火热，那是我家领导擅长的事。甚至于，我连老师的微信都没加。反正，有重要事情的话，老师会在群里说的……我只想静静……

场景二：做功课

　　每晚陪小家伙做作业，都是一场修行。但在一个佛系爸爸的价值体系里，睡眠比功课更重要：如果女儿当天的任务没做完（当然，学校功课还是要完成滴）……罢了罢了，施主，请睡觉先。且慢，就算学校的功课，有些环节也能以我佛之"大繁至简"来面对。

　　譬如，女儿的数学作业里，要完成两大页的计算题。学校要求所有等号都要用尺画。我算了一下，一共 $11 \times 11 \times 2 = 242$ 道题目，每个等号画两下，需要 484 次。近五百次的机械操作，耗在这上面的时间，着实不菲。

　　我理解学校里培养孩子学习习惯的初衷，但我更心疼女儿的休息时间。我拿过尺，自己画了起来："你先去做语文，等号交给我了，一会爸爸弄完，你直接做题目就行。"我还投机取巧地，用一把直尺一次性先把等于号上面那根横线画好，再一口气把下面那根横线画好，这样"效率"大大提升。

联想到曾看过篇文章，但凡遇到学校要求抄写 N 遍的作业时，文中的爸爸会亲自"代劳"，把孩子赶到床上睡觉——这位爹地，真乃斗战胜佛也。

场景三：假期出游

一到节假日，我满脑子就想着带娃出去浪，早早便开始刷各种旅游尾单、特价机票。

虎妈领导立场坚定，坚决不允许出去玩，怒曰：小朋友心会野的，功课都做不进去。不行，要留在家里学习！我回应：假期不就是应该玩的吗？行万里路，放眼看世界不也是一种学习吗？

我的佛系名言：假期就该撒开玩，作业总归能做完。天天窝在家里面，要么发闷要么霉。

所以，领导的胳膊拗不过我的大腿，何况我这尊 200 斤的巨佛。最后，寒暑假、国庆这些宝贵假期一次都没闲置，外面的课全部停掉，一家四口游走四方，玩得不亦乐乎。

此外，不管领导给娃报了多少课程，我都有个原则：周六下午和周日上午不能安排，这样如果去江浙沪周边酒店浪，刚好可以腾出完美的一天。周六上午女儿结束钢琴课，一家四口开到酒店刚好 check in，下午茶 + 游泳 + 户外；周日上午吃好早饭退房，附近景点转一圈，享受完午饭，优哉游哉开回来，刚好赶上傍晚的芭蕾舞课。嗯，此乃，一个佛系爸爸的完美时间表。

场景四：考试

女儿所在的小学，非常棒也非常严格。牛娃如云，每一次随堂测试，小家伙的成绩总让人有些难堪。有一次，竟然连测试卷上 1/3 的内容都没完成。

一问：全班只有三个人没完成。换而言之，妥妥的倒数三名内。心再大的佛系爸爸也无法淡定啊。我和领导急了，每晚轮番上阵陪着女儿，增加了习题训练的节奏感和强度。

下一次测试，女儿屁颠屁颠回来，拿了个 99 分。一问：全班大概有三十多个满分。领导笑容凝固，怒了：搞了半天，也不过 30—40 名之间？我倒是乐了，把女儿一把搂过来：哦呦，不错哦，身后还有十几个，就算末位淘汰，我女儿也是安全得很……领导无语凝噎。

场景五：别人家孩子

领导：×××家的儿子，最近书法拿了一等奖；×××家的女儿，美术作品去日本展出了……我说：哦，好的。

女儿在家练压腿，哭得稀里哗啦。领导大喝一声：你倒是来帮我吼你女儿几句，她每次压腿都那么不情愿……我说：哦，等会。

陪练钢琴也要吼。领导：你听听你女儿，平时不肯练，现在弹得一塌糊涂……我说：哦，蛮好。其实，我觉得真的已经很好了。我俩在女儿这个年龄时，只会挖泥巴斗蟋蟀。啥芭蕾啊钢琴啊游泳啊，我到现在都不会，女儿比我这个爸爸都强了好吗？

场景六：孩子病了

当然，我也有无法淡定而"还俗"的时刻——家里姐弟若是病了，

我比领导焦虑无数倍，泪眼汪汪恨不能代娃受过。

倒是领导此刻化身为佛系妈妈，宽慰我：在美国，小孩子发烧一个星期才会去看，你才一两天，紧张个啥……这是自愈性毛病，总有个过程嘛。小朋友都是小强，打不垮的，比我俩身体皮实多了。会好起来的，看你一个大男人焦虑成啥样！

不论是如领导这般的典型虎妈，抑或我这样的佛系爸爸，在我看来，只是流派不同，并无高下和对错之分。在坚守自己理念和准则的前提下，夫妻俩只要在大方向上一致，红脸搭白脸，萝卜配大棒，一张一弛，也未尝不是一种良性模式。

二宝爸对佛系的浅薄认知是——所谓佛系，请不要妖魔化地理解为"丧文化"。

佛系，并不是面对竞争、面对压力时的怠惰、消极，并不是"事不关己高高挂起"的阿Q精神；佛系，是遇到困难先做好自己，再一切随缘的心境，是不争不抢、不钻营、不吹捧的随性、豁达；佛系，更像是一种自我疏导式的调侃，它指的是不焦躁、不执着，以平和的心态去面对人生百态。

对于佛系的理解，作为父母要拿捏好尺度，既不能对孩子一味放任不管，一切听天由命；也不能在孩子身后，敲锣打鼓吼声震天，给孩子挥之不去的压力。说起来容易，做起来确实有难度。但不管我们是不是佛系，请不要把身上偶尔流露的"丧"，传递到孩子身上。

孩子们的天性，热烈向上、充满阳光，对生活充满热忱、对世界充满好奇。我们要鼓励和馈赠于他们的，是一颗积极上进和努力进取的心。而佛系的作用，是尽量淡化掺杂其间对胜负成败过于渴求、过于执着的"胜负心"。二宝爸曾写过这样一段话——在我的人生哲学中，人要有上进心和进取心，凡事都要全力以赴做到最好，但求问心无愧；至于胜负结果如何，并不是最重要的，也不是我最关心的。得胜，得之我幸；失利，失之我命。而有些内容，甚至高于胜负本身。

　　"局中局外两沉吟，犹是人间胜负心"诚然是人之本性，但，若能有"已识乾坤大，犹怜草木青"的胸襟，那才是更好的格局。

　　我看到过一篇文章，养育孩子，用毛主席那句妇孺皆知的"战略上藐视敌人，战术上重视敌人"来作比喻，非常之精当，也和我今日文章的观点态度不谋而合——鼓励孩子面对事情，要认真努力，重视过程，那结果自然可以顺其自然。

　　战略上藐视，是对自己的自信和激情不能丢，但又不要把对手放在心上，以免对自己造成不必要的心理压力或心理负担；而战术上重视，体现在日常一点一滴的积累当中，每做一道题，每弹一遍琴，都要认真面对。这才是佛系一说的精髓所在——承载了一种对于生活中快与慢、

进与退、得与失的思考，乃至追求。

忘记那些打着佛系幌子的"精神胜利法"吧，请鼓励我们的孩子成为敢于直面挑战却又云淡风轻的"斗战胜佛"！

或许，我们不是每个人都适合成为佛系父母，但希望我们可以清楚地知道自己要什么，也希望我们的孩子能在一个平等、宽松、自由、快乐的环境中健康成长。毕竟，对佛系家长来说，"做人，最重要的是开心"！

全民焦虑时代，
我想当孩子的防火墙

这两天，各种家长群都炸锅了。原因众所周知：新华社官网发布了一份重磅文件《中共中央关于深化改革全面提高义务教育质量的意见》。

最大焦点，毫无疑问就是这第 17 条，我摘取一段："民办教育学校招生纳入审批地统一管理，与公办学校同步招生，对报名人数超过招生计划的，实行电脑随机录取。"最抢眼球的八个字：同步招生，随机录取。

关于升学和考试的政策，这几年一直在变，从公民同招、民办摇号，再到中考新政，让我们家长看得眼花缭乱之余，也要不断适应和调整策略。

联想到二宝爸之前接受过国内一份大名鼎鼎杂志的采访，回答了他们的若干问题，其中刚好有几条和教育相关，表达和诠释了我对孩子教育的理念。未必正确，也未必具有代表性，在这个鸡飞狗跳且鸡血漫天飞的焦虑时代，仅代表一个佛系奶爸的个人教育观。

以下是二宝爸接受采访的部分问答内容。

问：你的公众号中提到，你在传统纸媒做了 12 年。为什么放弃工作呢？其中有没有小故事？两个孩子分别是什么时候出生的？你是哪

一年开始全职在家带孩子的呢？你的妻子同意你的这个决定吗？

答：两个原因吧。第一个原因，是女儿要面临幼升小的大关，我没有送她去外面任何机构和培训班，不想让焦虑情绪感染到孩子，我想做孩子的一道防火墙，或者说，想和女儿并肩作战成为幼升小的战友，所以我选择了全职在家，和她一起用做游戏的形式，刷了很多题目。

第二个原因，应该是媒体明日黄花的落寞景象，让我心里难受。当时，以我一个人的能力无法力挽狂澜帮助这个行业，而业余打理的公众号的收入，已经是我本职工作收入的好几倍，我想全职在家把这个公众号认真做一下，我有信心养活自己养活一家人。

小故事就长话短说。应该是最后很幸运女儿如愿考上了我们心仪的小学，我也百感交集地写下了幼升小心路历程的文章发在公众号上，看哭了很多读者吧。两个孩子是 2010 年和 2014 年先后出生的，我个人是 2016 年底决定辞职在家的。我太太知道我是个谨慎的金牛男，我一旦做了决定，一定是深思熟虑过的，她无条件相信和支持我——当然，我上交给她的工资比以前多很多，还能在家里带孩子，她开心还来不及，为什么不同意呢？

问：看到你的文中说，二宝出生时你有过权衡和挣扎，为什么挣扎？又是什么原因让你选择生下儿子？是什么事情或哪一句话让你做出最后决定的？

答：挣扎，是因为彼时我还是个苦哈哈的报社头版编辑，面对两个孩子的养育成本，收入杯水车薪，精力也担心不够用，而我又不想给老人添麻烦——但我当时无论时间还是精力，乃至房间的平米数，都属于捉襟见肘，不具备游刃有余养大两个孩子的能力，势必要给四位长辈增加负担。

我曾经在深夜黯然神伤默默流泪，我特别喜欢小孩子，既想要留住这个未来的孩子，又羞愧和责怪自己能力不足。感谢我的太太、父母、丈人丈母，看到我号啕大哭的失态样子后，从一开始的反对，到慢慢开始理解我。并且表示愿意与我一起分担，让我不要有太多压力，船到桥头自然直，生活总有办法过。于是，我们鼓起勇气生下了老二，做了这个人生最正确的决定。

问：两个孩子分别多大时你开始做公众号的？为什么想到做公众号呢？

答：儿子出生大约 3 个月以后，我家领导也出了月子，我们的生活慢慢进入了正轨，不再如一开始那般兵荒马乱。我分出了一些碎片时间，打算记录生活中两个孩子成长的点点滴滴。当时初衷很简单，把微信号当作博客在写，当时压根不懂商业化的一星半点，我在文章里展现的身份，完全是个自娱自乐的二宝奶爸。

我当时的码字动力和念头，概括起来一句话：我没有日进斗金的能力，但我希望用自己的文字和照片，给孩子留下丰沛的精神财富。当他们长大后，回头看着我这些小小短文和成长影像时，哪怕说一句"嘿，咱们的爸爸是那么爱我们，还真牛"，我就会幸福到飞上天的。

问：刚开始带孩子时，有没有一些抓狂的事让你后悔？请讲两个这样的小故事哈。后来又是怎样坚持下来的？

答：最抓狂的时候，是春节前后阿姨回老家的那会，家里所有人员都在上班（四位老人也都没退休），我需要一个人在家单挑女儿 N 天。更抓狂的时候，是当家里变成姐弟两人后，我依然要面对阿姨春节回家后一挑二的 super hard 模式。

抓狂的故事太多了，每一个亲力亲为带孩子的爹妈，都能说上三天三夜的"抓狂史"。如果说让我最酸爽的回忆，是给女儿拉完便便擦屁股时，我扭头抽湿纸巾，回头一瞬间，女儿刚好从小马桶里抓了一把便

便，全部擦到了我的嘴角……

问：在女儿幼升小的时候，你有过怎样的焦灼状态，为什么而焦灼？后来是怎样调整的？

答：在当时写的文章《一个父亲的幼升小回忆》里，我绘声绘色地描述了彼时我的心路历程。事实上，我可能比任何一位父母都焦虑：

1. 我当时特意卖掉了学区房，换了现在环境更好的非学区房，我憋着一股劲希望证明我的选择是正确的；

2. 我把体制内的工作也辞了，倒不是留恋那个事业编制，但如果女儿没考好，我内心终究会有些许苦涩；

3. 我把所有的焦虑情绪一个人扛下来了，就像前面说的，我是孩子的一道屏障和防火墙，我并没有告诉女儿幼升小有多重要，我告诉她："这只是一场游戏，你享受过程就好。家门口那个公办小学和一站路之外我们要考的民办小学，是一样棒的，但那个有着大操场的民办小学，玩起来会更尽兴。你试试看，有没有办法考上？"

问：女儿的学习上有没有什么问题出现？你又是怎样解决这些问题的呢？请回忆几个这样的小故事。

答：刚进入这所上海录取率最低、也可能是竞争最激烈的民办小学时，如我所想般，女儿完全跟不上。作为全班仅有的三个没在外面上课的孩子（班级老师统计的），因为没有刷题的经验，女儿一开始根本来不及完成试卷，当别的孩子全部做完时，她只能完成1/3不到。

我当时压力很大，屡屡被老师找去"谈心"。但我依然选择把这份焦虑情绪独自消化——我告诉女儿，没什么大不了，题目你都会，你的智力没问题，我们只是缺乏一些训练，速度上吃了点亏，没关系，爸爸陪你一起"提速"。我下载了很多试卷，我坚持用手抄的形式出题给女儿（这样我可以加深记忆，知道知识点在哪里），我在一个知识点的题型里反复换形式换数据，希望女儿做到扎实地真正地看清并掌握那些"题目的本质"，而不要被花里胡哨的噱头迷惑。慢慢地，女儿跟上了大部队的脚步，虽然远不能和那些学霸们相比，但学校基本的题目都能对付过来了。就在刚结束的期末考试中，全班唯一一个 100 分的女生，就是我女儿。我为我的女儿自豪。

问：在对两个孩子的教育上，你是怎样的教育观念呢？你知道，现在大部分家长都是希望孩子学习好。

答：我们家分工，老婆属于虎妈，我是猫爸。我觉得萝卜和大棒都是需要的。因为性格原因，我个人从来不吼孩子，我觉得任何问题，总有一种和风细雨来解决的办法。如果仅仅是靠气势和分贝上压倒孩子，他内心未必对你服气。反倒是用"走心"的形式，才有可能让孩子接受你认可你，从他内心驱动自己，改良学习态度，优化学习方法，提升学习效率，等等。

虽然我的观念未必对，而且我承认"吼也有吼的好处"，但我的性格和理念，注定了我更适合做一个温柔却不乏力量的陪学爸爸。

问：你的两个孩子，各有什么特点？你是怎样看待孩子的爱好的？

答：说起来很有趣，同样的父母，同样的生长环境，我家姐弟却是截然不同。女儿继承了我超过普通人的运动基因，特别活泼好动，运动天赋满满，擅长各种运动，但却不爱看书，学习兴趣也一般，需要我和太太在后面"用鞭子驱动"；儿子则毫无运动天赋，却继承了我爱看书的兴趣，小班已经自学会了一大堆东西，让我瞠目结舌。

我的观点可能和别的父母不一样，我奉行的是"长板理论"——在我看来，只要是无伤大雅的"短板"（比如数理学科不行，音乐细胞不足，运动缺乏天赋等），我没必要硬着头皮去弥补去发展，把孩子折磨得很痛苦，效果未必明显，回报率很低；反之，如果能在兴趣爱好中发现自己的

长板，我就往死里发展我的这块长板。这块长板若是能变成养家糊口的技能，一辈子都干自己喜欢且擅长的事，人生最大幸福莫过于此。

说说我自己，是个很好的例子。我曾经练过很多年的足球，我最大的梦想是走职业足球的路线，因为大学老师及父亲的反对，最后含泪选择了学业路线，也"子承父业"选择了自己并不喜欢的计算机专业。然而我发觉大学四年何止过得浑浑噩噩，简直是痛苦到不堪回首。实习期间当程序员天天写代码，过得生不如死，远不如写文章那么快意飞扬。最后，我毅然决然在本科毕业后，逆反地选择了自己最爱的"足球＋写文章"，转型做了一个报社的足球记者。如今，我最大爱好之一，码字，成了我养家糊口的职业，我乐在其中，也深感幸福和知足。

问：在带孩子上，孩子妈妈又是充当什么样的角色呢？你与妻子在育儿方面有没有分歧？

答：前文说了，我家孩子妈妈是个虎妈，她相信"吼一吼，抖三抖"的大招。因为树立了不怒自威的人设后，基本上我家姐弟最怕妈妈，不敢造次。说句公道话，当妈妈在场时，孩子的确是最懂规矩，也最"主动"学习的，不碰零食，不玩平板，俨然一副乖小囡的样子。从这个角度讲，这样的育儿方式是很成功的。

当然，性格使然，我自己没法做到。但我和太太互相理解，也会互相配合，很默契地扮演起红脸和白脸的形象。"红脸＋白脸"或"萝卜＋大棒"的这个格局和定位，我个人觉得是一种非常良性的育儿模式，也推荐给其他爸爸妈妈。

关键词三

奶爸的自我修养

520，我要向家里的"人体奶瓶"表白

520，一个表达心意的日子。

而在这个特别的日子里，我最想表达爱意的人，是每天陪伴在我身边，和我一起劳心劳力"对付"两个熊孩子的二宝妈。时不时有妈妈会问我：二宝爸，感觉你家领导上辈子拯救了银河系，才会遇到那么体贴的你。我连忙诚惶诚恐地摇头表示：没有没有，这句话应该反着说才对。明明是我上辈子做了太多好事，才赶上狗屎运，找到了我家领导。

撒狗粮的文章也写了不止一次，今天就稍微收敛点，贴出二宝爸刚刚开通公众号时的第一篇成名作（我的第一批读者，就是在这篇推送后暴涨的）。读毕，你们会知道我是何等幸运，遇到了这么一个吃苦耐劳又善解人意的好太太。

520，我爱你，我要向家中的"人体奶瓶"表白！

当人体奶瓶有多辛苦？看完此文请好好疼爱每一个母乳妈妈。

很无奈，前阵子孩子妈乳腺炎高烧 38 度 5，女儿肠胃炎也是 38 度 5，母女俩心有灵犀、不谋而合。阿姨尚在老家，四个长辈三个在上班，只能我拖着一对病快快的母女去医院，且还是不同科室。

身体向来杠杠的二宝妈，缘何现在动不动就发烧？因为——她真的很辛苦。每晚被我和儿子夹在中间，"夜夜笙歌"就忙乎两件事情：

左边那个小不点半夜总是哼唧哼唧，需要把这烦人的家伙弄睡着；右边那个大块头半夜总是呼噜呼噜，又需要把这烦人的家伙弄醒。再强大的女人，也架不住这两活宝的联手摧残，抵抗力一差，乳腺炎就这么乘虚而入。换我，早崩溃了。

四年前，领导咬牙坚持了 14 个月全母乳；这一次，虽然几次出入医院，领导依然决定能喂多久就多久。一个婚前洗臭袜子都会抛媚眼求助于我的上海娇嫩作妹妹，就这么生生修炼成了一个无所不能的铁血女汉子。

作为一个旁观"人体奶瓶养成记"的过来人，二宝爸看在眼里，急在心里，却心有余力不足，就差绑着两个奶瓶在自己宽厚的胸膛上，越俎代庖把母乳妈妈的活儿给干了。

以下，二宝爸只能靠这苍白的文字，让男同胞们感受一下，当一个母乳妈妈到底有多苦，也算尽一点无法喂奶的我的绵薄之力。

开奶之痛

医学界把疼痛分为 8 级，最大的一级就是分娩的疼痛。国内外都曾做过试验，让参加的男人在肚皮贴上电极，模拟体验女性分娩时经历的宫缩疼痛，但没有能撑过两个小时的男人。而很多妈妈都要承受整整 24 小时！据说开奶时巨大的痛感胜过分娩之痛，想想也是背脊发凉。

在一档综艺节目中，陆毅、王岳伦、张晋等奶爸就曾体验过模拟分娩时的疼痛，这些大男人无一不是张牙咧嘴表示扛不住了……

好在开奶环节上，我们先后遇到的月嫂手法都还不错，几乎没受太多皮肉之苦就让两娃都吃上了。但在吸奶器的选择上却一度走了弯路。四年前的彼时，无论是医院大夫还是身边过来人，给出的建议都是：吸

奶器不讲究，随便买个国产品牌就足够了。

犹记得一个大雪纷飞夜，我直接驱车跑到卖家处取来某国产品牌吸奶器，怎料乍一开机，就痛得领导眼泪汪汪。在此后一段时间内，每次按下开机前，对领导都是身心考验，开始战栗惶恐——这也为后来她吸奶不够勤快而导致奶结埋下了伏笔。

没多久，吸奶器意外进水短路，反倒是塞翁失马：我买了美德乐的手动版回家应急，其柔情似水的温婉工作模式瞬间完爆前任，亦征服了领导，真是谁用谁知道。领导不再排斥"吸奶工程"，我对领导之前吃的苦愧疚不已，索性鸟枪换炮直接买了美德乐的电动双边丝韵款，从此，二宝妈进入了"一边吸奶一边刷微博"的天堂模式。

吸奶之累

或因基因关系，我家领导是个"飞流直下三千尺，疑是奶牛落人间"的高产者。故相较于"纯母乳亲喂"及"纯奶粉瓶喂"，我们家是最麻烦的一种母乳喂养模式——除了每日定点定时的亲喂补给外，还有大量产物需用吸奶器及时取出，若不勤于吸奶，则动不动就奶结发烧。

中国人见面喜欢寒暄一句"您吃了吗？"，在我们家，我一见领导就问"您吸了吗？"明则关心呵护，实则真心害怕马大哈领导又忘了吸奶，而不得不劳烦我这司机兼苦力陪着跑医院。

这样一幅哭笑不得的场景常在我家出现：睡前调好闹钟，午夜凶铃把酣睡中的我俩震得花枝乱颤，我颤微着把提前准备好的吸奶装备递给领导，惺忪蒙眬中，开工。两颗脑袋耷拉着，互相倚靠——这样，两人才不会轰然倒下一睡不起。嗯，人字结构，不就是相互支撑么。

前面说到跑医院，两个孩子的母乳史中，医院跑得都快跟娘家一样熟了，说多了都是泪。也许有资深妈妈会说，注意清洁工作，勤吸奶、勤喂养，应该能避免奶结。可我们已经是十万个小心了，大奶牛的苦，真是防不胜防。

久病成医，目前的心得是：家门口的龙华医院，医生只管诊断，护士负责敷药处理，鲜有排通乳腺的治疗，且拍 B 超排队太慢；远在浦东张江的曙光医院，医生简单粗暴，但个个有魔术般双手，伴随着领导的鬼哭狼嚎，堵塞的乳腺基本就"通则不痛"也，专家门诊赵春英名气最大，那双手着实神奇，我们有所领教。（二宝爸旁白：这些信息来自几年前，如今可能会有所变化，仅供参考）

背奶之苦

相较于国外动不动一整年的产假，国内的母乳妈妈短短几个月后就上班，真的是非常不人性化。且不说背奶之辛苦，光是逼着孩子从白天的亲喂过渡到瓶喂，就是一场让孩子遭遇分离焦虑的辛酸史，在此就不表了。

背奶的负重装备也是阵容强大：体积不小，分量不轻的吸奶器一套（如果单位没有专门的母婴室，还需躲进厕所吸奶）；若干大号储奶瓶（除非自产自销或用储奶袋，否则一天至少准备 4 个奶瓶）；大冰包和数块冰袋；单位里有微波炉的话，还需在办公室备一个消毒锅；背奶的装备非常沉，如果单位没有电源，甚至每天还要带上 8 节干电池出门，真的很不容易。

所以，当你在上下班路上，看到一个背着硕大书包神情憔悴面容枯槁却又不似 IT 工科女的女性时，请走到她面前行个礼："母乳妈妈，向你致敬！"

至今我还有一丝内疚的是：其实我更想悄悄把美德乐丝韵升级为

更小巧轻便的飞韵系列，也算为领导来回路上减负，可铁血女汉子得知我意图后，三千青丝一甩，铜铃怒目圆睁：现在用的这个不是蛮好？别浪费钞票了！你看，当了妈的人就是懂事，不光能帮家里省奶粉钱，还能帮我省私房钱。

　　二宝爸啥也不说了，祝大家 520 节日快乐！爸爸们不要愣着了，快点向家里的领导表白吧。听我的，不会错！

致"消失"的爸爸：
请收起你那振振有词的直男癌论调

身为一枚还算健康向上的直男，当我敲打本文时，冒着被群起而攻之的风险：你就是哗众取宠。但有些话，如鲠在喉，令我不得不斗胆向眼中的"直男癌"患者进忠言：所谓"癌"，开端只是"局部"，如若治疗得当，并非无解。"君有疾在腠理，不治将恐深。"希望我的一番话，会让你们有所顿悟。

作为一个报社夜班编辑，我的工作晚餐通常都在楼下的小面馆对付。面馆里，我常会看见一家三口的熟悉身影。这位爸爸潇洒倜傥，永远拿着手机目不转睛，面条吃得"呼哧"生风；妈妈总是顾不上自己面前那碗面，疲于给身边那个上蹿下跳的女儿喂饭。间或夹杂的，是爸爸怨声载道的数落，"快给你女儿喂呀……怎么搞的，弄得乱七八糟……我真是服了你们母女了……"

有一回，妈妈没来。你能料想，这个爸爸当然没有独当一面的能力，喂饭的过程堪称灾难。左支右绌，一桌狼藉，负能量爆表。最后，这根"移动的负能量槽"一声呵斥，"都怪你妈，平时也不好好教你吃饭！"竟拂袖而去。只留下一个懵懂错愕的女儿，和一屋子面面相觑的旁观食客。

明明是自己的不作为，却想当然把责任全部归于其他人（尤其是

妈妈）身上，此乃直男癌的典型症状之一：永远活在自己的世界里，掌握一套按照自己逻辑和解释权来编绘的剧本——譬如，女性必然是要温柔贤淑相夫教子的；譬如，我那么辛苦在外挣钱养家，你还带不好孩子，哪能算个好妻子好母亲？

一旦有剧中人不按自己的剧本出牌时，那一定是这个剧中人出了问题。孩子不好好吃饭，是妈妈没教好；孩子睡觉又哭又闹，是妈妈没哄好；孩子感冒生病，是妈妈没照料好；孩子衣服穿错，是妈妈没搭配好……

难道吃喝拉撒都要妈妈来管教，你当爹的就负责坐享其成或指手画脚吗？又当观众，又当评审，这感觉很美妙吧？说到哄睡话题，我最来气。我见过太多这样的画面：自己抱着被子枕头，舒舒服服躲进书房或客厅，睡得呼噜震天酣畅淋漓；却让孩子妈半夜三更一次次起夜，又是喂奶又是哄睡的。

回应起来还真是振振有词：我又没有奶，我哪哄得住；欲遮还羞一点的，会摆个低姿态的理由：我呼噜太响，怕影响你们休息；直男癌严重一点的，索性直接甩出一句话：晚上休息不好，会影响我明天上班。

我也真是奇了怪了。有没有奶，跟哄睡有半毛钱关系吗？亲喂固然更方便哄娃入睡，但不代表妈妈不需要个得力助手；呼噜这个借口更奇葩，明明自己胖，不去认真减肥，反倒成了躲避工作的绝佳借口，你弱你还有理；至于"休息不好"一说，我都无力吐槽了，你需要好好休息，每天辛苦带娃的妈妈就不想有个完整的安稳觉吗？你在外打拼是上班，在家伺候熊孩子就不是辛劳的工作？

带孩子绝对是强度最大的工种，没有之一。不信，你跟孩子妈换了试试？让你全职在家对付熊孩子，买菜烧饭一条龙——能撑过三天，我敬你是条汉子。

关键词三　奶爸的自我修养

　　我也见过太多的爸爸，生娃前生娃后一个样，生活质量妥妥地维持在高水准——应酬一三五，喝酒不耽误；足球踢得欢，网游连轴转。多出一个孩子，明明衍生出大量的繁琐工作，缘何不受牵连？稍微动动脑子就知道，这前提必然是要劳烦孩子妈甚至是多位老人。更有些直男癌严重的患者，但凡看到妻子上个淘宝、看个美剧，就要在一边唧唧歪歪，好像犯了天大的错。

　　我们不妨换位思考一下：让孩子妈穿得山青水绿，每天出门见闺蜜，逛街、下午茶、美甲、Spa……一个都不能少；而你，蓬头垢面在家一刻不停地换尿片冲奶粉。亲，还不许有抱怨哦——你太太那是正常的应酬和社交，你怎么就不能理解和支持呢？

　　学者周国平曾有一番"直男癌语录"一度引发争议，"一个女人才华再高，成就再大，倘若她不肯或不会做一个温柔的情人、体贴的妻子、慈爱的母亲，她给我的美感就要大打折扣。"如此大言不惭地活在自己设定的审美观里，我也是醉了。

　　即便文艺如翻译家林少华，也有过这种惊世骇俗的理论，"锅碗瓢盆对男人的磨损是致命的——会磨掉男人的高远之思和阳刚之气。所以才会有伪娘现象，也才会有女汉子。"媒体也在一旁忙不迭呼应，一面宣传女性应该在婚后包揽家里的大小事务，又一面用一首《父子》歌曲来赞扬名存实亡的所谓父爱，还要让女性在婚后"洗手做羹汤，俯身当女仆"。

　　于是我有个疑问：你们都觉得碰触锅碗瓢盆的男人不够阳刚，所以那种跷着二郎腿、十指不沾阳春水、毫无怜香惜玉之心、看着心爱之人如女仆般伺候你的大老爷，这才叫真正的纯爷们？

　　撇开广义上的父权制议题，从狭义上讲，我其实能读懂很多爸爸的心路变化。为什么有些婚前看来明明很顾家的男人，在面对细碎烦琐

的育儿生活时，却表现得事不关己高高挂起，或是选择性失明直接逃避承担责任呢？这不难理解。毕竟，妈妈的成长是突变的，一个孩子的呱呱坠地，直接赋予了你母亲的神圣身份；而爸爸的成长是渐变的，需要慢慢磨合适应，才能逐渐进入并演绎好父亲这样一种状态。

二宝爸坦率承认，我荣升为父亲后的最初那段日子，也有失落、有不甘、有沮丧。本来丰富多彩的生活，硬生生被一个孩子搅和得支离破碎。自己造的娃，含着泪也要带下去，可巨大的落差，偏又无处诉苦。

女儿呱呱坠地的头一年，我甚至都没出过上海的内环，我笑言自己的活动半径就是 4×2 米的爬行垫；没时间去影院，所有的热门大片只闻片名不晓内容；每次推着车带女儿遛弯经过家附近的球场时，看着球友们在上面撒欢，我只有生生地咽下口水，默默走开。如果按照这样的心境走下去，我也许就该直接撞入了死胡同，越不开心就越不愿做，如此恶性循环，心结无法解开。

怎么破？把负能量转化为正能量，把视角换个方向打量，你会发现世界变得豁然开朗。我后来这么一想：你说我牺牲了很多业余时间和兴趣爱好？没有啊，我只是把我的兴趣做了更新和替代，以前我爱踢球，现在我有了新爱好，那就是带娃呀。电影看不成？我眼前就是活生生的萌娃，那可比动画片更精彩；足球没得踢？熬两年，直接把女儿培养成当萝莉啦啦队员，让她来看我比赛岂不更妙？

醍醐灌顶。我的眼前也变得无比通透和敞亮。慢慢地，我甚至沉浸在美妙的亲子关系中，这才是我人生中最大的乐趣和享受。所谓怨气，早被挥发得无影无踪。比如你爱打电脑网游，你大可以把带娃看作一场打怪升级的 RPG 游戏，一路面对的艰难险阻，都是对你的挑战和考验。这么一来，是不是就乐在其中了？又比如，换个尿片，就当作一次亲密互动的游戏，摸摸臭小子的脑袋，捏捏他的小鼻子，"嗯，臭屁屁还真是熏人，你可真有本事。"至于你原先看作"洪水猛兽"般的育儿工作，什么半夜哄睡、洗头洗澡的，请同样给自己安插一颗愈挫愈勇的心。若总是战战兢兢躲在孩子妈身后，暗示自己"这活我做不了"，那你永远无法独当一面。

二宝爸是报社夜班编辑，最遗憾的莫过于晚上鲜有机会可以哄孩子入眠。于是乎，到了半夜，娃若惊醒，我起先是束手无策——大半夜的，突然看到他爹，娃只会拳打脚踢反抗。若换作甩手掌柜的心态，我大可以乐得清闲，"老婆，你来哄，女儿（儿子）半夜不要我。"但我偏不，我还真不信这个邪。臭家伙，看我不使出浑身解数来搞定你？慢慢地，我半夜里也能偶尔给领导献上自己的绵薄之力；同时亦会发现，带孩子，真没你想象的那么可怕。

直男癌有一个认知误区，以为靠金钱就能"买"来亲密的亲子关系。所以宁愿在外拼命应酬，也不愿腾出时间回家陪伴孩子。反正有金钱这块挡箭牌，怎么说我都是在养家糊口、给娃创造最好的物质条件呢。陪伴孩子的成长需要感情和精力的投入，这是花再多钱也买不来的。又不想付出劳动，却想不劳而获收获亲情，天底下哪有这样的好买卖。

孩子慢慢大了，当 Ta 有一天用自豪的口吻写下一篇《我的爸爸》时，我想，这样的成就感，要比签下几份订单、取悦几个客户幸福太多了吧？而这一切，都需要细水长流的陪伴和付出。既然你在外面有精力锲而不舍地笼络客户，在家难道不更应该加倍地好好对待家人和孩子吗？

一屋不扫，何以扫天下？一娃不爱，又何以爱生活？爱孩子、爱家庭，不能只停留在嘴上，而是应该表达在行动中。

二宝爸有时候挺惭愧，对不起你们的厚爱——我时常说得比做得

好，写的东西免不了有自我表扬和自我催眠的夸张成分。但我身边的好男人好爸爸，那真的是实打实的行动，静默内敛，于无声处。我看在眼里，触动在心里。

比如我的表哥，可能是我见过最心细如发的好爸爸了。他可以把儿子一天的作息详细到分钟记录下来，贴在冰箱上、卧室门口等多个地方。每顿口粮全部自制，荤素搭配，绝不重样。父爱如山，体现在每一根细密齐整的土豆丝中。我自惭形秽。

比如我的堂弟，家境优渥，哪怕请一串保姆都毫无压力。但他偏不，就爱自己亲力亲为，享受亲子互动中的每一个乐趣，小到洗头洗澡，大到绘本英语。我仿佛已看到一个未来的牛蛙学霸，正在冉冉升起……

育儿积极性这件事，以我的观点看来：和地域分布无关，和性情脾性也无关，和基因遗传更无关，关乎的，是一个家庭的氛围。父母在家里的言行举止，就像一面镜子，原原本本地折射给了身边的孩子，潜移默化，耳濡目染。如果你还整天两手一摊衣来伸手饭来张口，任孩子妈带娃家务一肩挑，你就不担心自己的女儿全看在眼里，以后心甘情愿按部就班成了劳碌命？你，不心疼吗？

你以为孩子还小，可 Ta 这张光亮如新的画卷上，早就悄然涂上了心目中的那道人生彩虹，是黯淡无光的纹理，是杂乱无章的涂鸦，还是七彩绚烂的画卷？就看你的了。

没有无缘无故的恨，也没有无缘无故的爱。全情的投入和参与才会越爱越深。育儿这件事，请一定要让爸爸参与进来。对，就说你呢！听见了吗？

在婆媳关系中，
论一块三夹板的自我修养

　　群里妈妈们聊得最多的话题之一：敏感而又难以厘清的婆媳关系。正是这些众所周知的缘由，夫妻间原本的如胶似漆，却在一地鸡毛中日渐寡淡。生活中不缺乏快乐，为何我们却在硝烟弥漫的生活里，失去了寻找快乐的能力和体悟快乐的心境？

　　今天我从自身觉悟的角度，聊一聊我是怎么"调和"婆媳关系，码一篇"论一块三夹板的自我修养"。觉得有道理的话，不妨转发给枕边人看，说不定二宝爸的拙文，就成了一支家庭润滑剂。大家开开心心，天天都像过节。

　　以二宝爸的观点来看，我们陷入了一个误区。很多人希望以自己的努力，让自己的妈妈和妻子，能像母女一样和睦相处。一旦达不到心里的期望，就会焦虑聒噪，甚至破罐破摔，"你们怎么就不能好好相处呢？"

　　因为，这根本不可能。两个人的角度和立场不同，无论如何都达不到和谐统一。话糙理不糙，你听我来分析。

　　作为未来拥有丈人和公公双重身份的男人，即便胸襟宽广如我，对待儿子和女儿的婚姻，也会有截然不同的态度——女儿若是找了个勤劳的好老公，我会得意洋洋地嘚瑟：瞧我女儿福气多好，每天在家睡懒觉就行，家务都是老公包了；可反之，我一定是怒不可遏：我儿子真是命苦，

找了个懒女人，每天只知道睡懒觉，家务活都是儿子一个人在操劳……

所以，千万不要指望自己的妈妈和太太，会以同样的思维方式来看待问题。她们之间的敌意，在你把太太带回家门的第一天起，就已经埋下了。自己的妈妈面色平静心底却咬牙切齿：哼哼，我辛苦培养了二十多年的儿子，就直接被你给捡现成带走了。作为家庭新晋女主人，你的太太一定也不愿示弱：都已经跟我过日子了，为什么还要来干涉，我可不希望带回一个妈宝巨婴。

这是没有硝烟的战场。每一个男人，注定要在暗流汹涌的屋檐下，努力营造出歌舞升平的大好景象。

听听二宝爸如何面对婆媳关系这个千古难题，又是如何做好一块夹在婆媳间的合格三夹板呢？我的经验大致分为四点。

脏活累活自己来

如果你觉得自己情商足够高，自带韦小宝体质，可以让前女友凑齐一桌麻将，请直接关闭页面，当我什么都没说。

二宝爸因为情商欠奉，尤其不擅对付异性（作为丈夫，应该算是优点吧），自认为没有能力担任一支合格的润滑剂，所以我在带娃的大小事宜上，贯彻的思想是：我宁愿身体累，也不愿意心累。而带娃过程中，各种意见相左带来的纷争和矛盾，是最让人心力交瘁的。婆媳不同母女，如果不是因为一个男人，很可能就是生活习惯、爱好脾性迥然不同的陌生人，这辈子都未必有一丝交集。而你却希望他们在带孩子这个比开公司还复杂的工种上，迅速成为志同道合的战友——怎么可能？那只是你的一厢情愿。（当然，也有婆媳一见如故非常投缘的，那是这个男人前世修来的福气，要好好珍惜。）所以与其在"辅食怎么加、睡觉怎么哄、小便要不要把、早教该不该读"这些琐碎事情上让两个女人较劲，还不如大喊一声：你们都让开，我来！世界立刻归于平静。

千错万错，都是我错

婆媳之间最容易一触即发的，就是观念上的冲突，以及气势上的压制。最怕的，就是让你来做裁判，非要定个孰是孰非。这简直是比黑哨还难的活，里外不是人，根本无从下手。帮着妈妈说话了，老婆怪你是妈宝不懂心疼人；要是给媳妇帮腔，老妈又哀怨地说你长大了心都不在了。这个时候，最好的办法，就是果断把战火引到自己身上。没错，"引火烧身"，去他的所谓面子和自尊，开口就说，全都是我的错，怪我怪我都怪我。你会发现，局面瞬间豁然开朗。

举个例子。孩子晚上没穿尿片，不幸尿了床，千万不要和两位女士纠结于是不是过早开始训练排便，而要果断表示歉意：怪我半夜没起来，没能带小家伙去卫生间，床单放着，谁都别动，我来手洗！尊严算什么，面子又如何——何况，自从我把脑袋凑到娃屁股上闻气味，以及抽开尿片被娃屎尿喷射一脸的那刻起，在带娃这桩事情上，我早就没了任何尊严。

当好人肉语音过滤器

除了前面两条需要亲力亲为外，当好一个合格的传话筒，筛选和过滤来自两边的声音，也是基本技能之一。

二宝爸没有直男癌，也没有任何歧视和偏见在，但我始终觉得在"争风吃醋"这个环节上，女性的确是要胜过男性。如果，一个丈人对女婿说：小伙子你福气不错，娶到了我家那么优秀的女儿。这个女婿，十有八九是乐呵呵地点头；如果，一个婆婆对媳妇说：姑娘你福气不错啊，嫁给了我家那么优秀的儿子。我猜，这个媳妇多半心里会不太舒服吧？

所以，在我看来，就算婆媳人都不坏，也努力磨合彼此关系，却总会在不经意间用自己的立场角度和口吻，说出让对方听起来不怎么悦耳的话。这时候，就需要我们这台人肉语音过滤器发挥积极作用了。千穿万穿，马屁不穿。妈妈对老婆的懒散颇有微词，你就换个正能量说法来转达：我妈说了，有一次看到你在家里整理房间，特别感动，比很多 80 后都做得好，要是每天都整理得那么干净，看着都赏心悦目。更多例子就不展开了，怕家里人对号入座。你们自己细细揣摩。

赠人礼物，手留余香

前文说，因为婆媳彼此立场不同，很多问题似乎不可调和；但人又是感情动物，相处久了，也会日久生情，虽未必能做到情同母女，但融洽和睦、渐生默契的婆媳关系，也是大有人在。

这点上，二宝爸很幸福也很知足。家里领导很善良也很孝顺，逢年过节都会想到买礼物送给婆婆；我的母亲也是一有机会就投桃报李，买过很多漂亮服饰送到媳妇手里。中国那么多节假日，就是一次又一次拉近彼此感情的好时机。我自己也会借着一些节日的由头，悄然买东西送给两位女士，用的是对方的名义。妈妈，这件衣服是 ×× 特地帮你挑选出来的，说这个秋香绿特别衬你肤色；××，这条丝巾是妈妈在古镇给你买的，说你年纪轻轻能 hold 得住，肯定好看。每次花了钱，却躲在幕后似乎没我什么事。亏吗？怎会！花钱能让我生命里两个最重要的女性开心，还有比这更划算的好事吗？把这个思路举一反三——所有出彩的事情，切记不要邀功，一切都是两位女士的功劳，这才是满分的答案。

感觉我过得很辛苦？讲真，一点没有，看到自己生命里最重要的两个女性每天都能在我的怀里如沐春风，没有比这更幸福的画面了。

教你四招将小三问题扼杀于萌芽中

"某高校小三门事件"这几天真是红遍网络,二宝爸也不在这里赘述来龙去脉了。如果 13 页的"pdf 高能论文"各位没看全,我给你们归纳一下大致的内容梗概:

本质上,这算是个产后矛盾大爆发的案例。女主生完娃后日子过得不太爽,为了男主放弃博士学业也就算了,如今又是带娃又要和公婆相处,本身性格又强势,自然矛盾一箩筐。而夹在中间的男主却觉得生活有落差,心生委屈:都是读书人,怎么有了个娃以后,这生活过得一地鸡毛,跟个小市民似的,这画风不对啊?

男主乃高校教授,一枚清高的知识分子,又是个纠结的直男癌患者,既想处处维护自己好爸爸的形象,但又心不甘情不愿地让生活充斥着喂奶把尿:我在外面搞事业很忙的,你怎么在家里除了喂奶就啥也做不好呢? 于是,在女主哺乳期里,男主在学校里不早不晚的,刚刚好的,"高山流水遇知音",把身旁一恬静貌美的女同事发展成了红颜知己。彪悍原配和直男高知的大战,就这么爆发了。

虽然这么高学历的知识分子滚地撒泼颜面尽失的对撕让我很心痛,但,清官难断家务事,我不好妄加评断。我也不方便站队,同为直男,万一自己的视角和观点有失偏颇,招来广大妈妈们的炮轰,那就划不来了。

我想换个角度来思考：为什么产后的那段时间，家庭矛盾会如此大规模地爆发？甚至连如此高学历的家庭都不能避免？从我一个爸爸的角度，应该怎么做，才能让一个家庭添丁本该喜气洋洋的屋檐下，在一种良性的模式下正常（甚至优化）运转？不敢说二宝爸的家里有多成功，但至少伴随着老二的降生，再苦再累我们都一次次克服过来了。身体在地狱，心灵在天堂。累并幸福着，是我们现在的状态。二宝爸很幸福很知足，我把目前运转流畅这个模式，归纳成"二宝爸的四项基本原则"，抛砖引玉写出来，希望和大家一起交流探讨。

四项基本原则之一：男女搭配，干活不累

这个理论，二宝爸在以前写的文章中曾反复强调。还是那句话：孩子妈妈的十月怀胎一朝分娩之苦，是我们男人想分担却又爱莫能助的。就凭妈妈们鬼门关走一遭的分娩、撕心裂肺的彻骨之痛、产后变形的身材、一度停滞不前的事业，做爸爸的，就该在产后弥补多少是多少。何况，在我看来，不管如何都是亏欠且还不清的。既然亏欠，就在家务、尤其是带娃的大小琐事上努力多做一点。有时候二宝爸大半夜起来给娃哄睡时也会忍不住暗自骂娘，但看着二宝妈能在旁边香甜地睡上一觉不受干扰，突然也就浑身打满鸡血动力十足了。

所以，请不要计较谁做得多谁做得少——带娃又不是做买卖，何必算得那么清楚？男主那个锱铢必较的 pdf 也真是吓到我了，除了佩服他惊人的记忆力之外，我觉得一个生活中把所有经济出入、家庭事务能记得如此清晰的人，其实蛮可怕的。说难听点，谁嫁谁倒霉。但生活中有着男主这种思维方式的直男可谓比比皆是。"照顾孩子，做家务，这些都是妈妈应该干的事情，我每天挣钱养家就够不容易了，你就带个孩子还带不好？"你家的爸爸是不是也天天发表着这样的言论？如果是，

请让他面壁去，跪个键盘也行——养孩子，从来就不是妈妈们一个人的事情。

所以，爸爸们，请下班回家后理解并赞扬老婆的努力，同时一起完成照顾孩子的事情和家务。我能想到最浪漫的事，就是和老婆一起给娃洗澡换尿片，然后相视一笑，满满的幸福飘荡在整个屋檐下。

四项基本原则之二：带着孩子，一起社交

有了孩子的前两年，生活上有所牺牲是躲不过的，譬如，最热门的电影无缘眼福，譬如，不得不推掉一些晚上的饭局。但在二宝爸的原则里，辛苦的带娃和充实的社交并非水火不容，而是可以兼得的。如果出门参加聚餐，不妨选择一些还能兼顾亲子活动的场所，把娃带在身边，既有天伦之乐，也不会心神不宁总惦记着家里的娃。还能让娃多看看这个世界有多美妙，何乐而不为呢？

二宝爸和二宝妈就是那种去哪里都带着两娃的风格。不管是周末逛街吃饭还是朋友相聚，老大牵在手里，老二背在身上，是最常见的画面。甚至于，儿子四个月就跟我们去过香港、澳门、北京等很多地方，可谓旅游遛娃两不误。而二宝爸在男主 13 页 pdf 里注意到，他们似乎很少带着孩子一家三口出去玩，或是把娃留在家中各玩各的，或是爸爸单独带着去公园——这真是感情交流的大忌。在这样的模式下，夫妻间的沟通交流都会有问题，对孩子的成长也很不利。

四项基本原则之三：修炼情商，扼杀矛盾

做人难，做男人更难，做一个夹在母亲和妻子之间的男人，难上加难。女主和婆婆在育儿上的矛盾，也是事情逐渐爆发到一个不可收拾局面的导火索。女人生完孩子之后的几个月，因为雌激素水平骤降，

加上照顾孩子的劳累、与老人的沟通欠妥，很容易进入产后抑郁期。这个时候，爸爸的作用异常关键。从男人的生理构造来看，往往能够比女性更加理性和隐忍，所以爸爸在家里应该起到一个排解矛盾和润滑关系的作用，而不是与任何一方争吵，直到局面失控。

如果说，你觉得自己的情商不足以担当一支合格的润滑剂，那也可以退而求其次当好一块合格的三夹板，把可能产生的冲突和矛盾挡下来，扼杀于萌芽之中。很可惜的是，这位男主，虽然是个研究南北朝历史的行家里手，在处理婆媳关系这个无史可鉴的千古难题时，却变得手足无措。当然，二宝爸虽然在这里轻飘飘地吐槽人家，但我心知肚明，以自己的情商，也没有高明到能处理好方方面面。怎么办？一是努力多看文章多学习，偶尔连鸡汤也不放过（我好像自己也在煲一锅鸡汤），看看别人都是怎么游刃有余地处理好各种纷繁复杂的关系；二就是想办法提高自己的说话技巧，把嘴皮子练练好，遇到育儿的敏感话题时，能说到大家都开心；第三点最关键，勤能补拙，所有自己能解决搞定的事情，决不麻烦和辛苦到长辈，为自己的娃辛苦点，这本就不算什么，何况既能让老人们享享福，也能避免很多不必要的麻烦和矛盾，距离产生美。

二宝爸还是那个理念：不管育儿的观念有多少碰撞、平时有多少摩擦，所有人都是发自内心无条件爱孩子的，我们小辈始终应该表达感恩孝敬之情，更不应该让一些不必要的观念差异，影响家庭的和睦。好事变坏事，那真是最最糟糕的事情了。

四项基本原则之四：保持颜值，不可松懈

虽然这个观点有些世俗，但不得不承认，在这个刷脸的世界，颜值还算是家庭维稳的一大保障。网上已经有网友扒出了"小三门"三位主角的照片。正如很多人所猜想的那样，原本也是意气风发的原配女主，

在经历了婚姻的蹉跎和育儿的艰辛之后，成了憔悴的"黄脸婆"；而男主却还是风华正茂唇红齿白的男神教授形象；而疑似小三的单身女二号，尚未被家庭柴米油盐摧残，看起来眉目清朗。在这个看脸的世界，你们懂的，网络上愣是一大片的声援，"教授还是跟这个美女同事老师更般配""那个原配一看就是个悍妇，怪不得教授都不要她了……"

这样的声音之多，颠覆了我的三观，但又逼得我不得不承认，有的时候，要想家庭稳定，不管是爸爸还是妈妈，把自己拾掇得干净得体，把身材尽量稳定在可控范围内，发掘一些生活小情调，培养几个雅趣小爱好，都是让这个家庭更美好更稳定的基础——毕竟，人都是视觉和感官动物。

我见过太多这样的组合了。一家三口出行，爸爸潮男一个，妈妈却套了件松垮的哺乳衣，上面还有若隐若现的奶渍；或是妈妈辣妹一枚，爸爸却大腹便便、衣着随意而邋遢。我并无任何不敬之意，也不是肤浅的外貌协会，但内心里，我还是希望夫妻两人在外形气质言谈举止上都能步调一致，至少，画风不能差别迥异。毕竟，直男里像梁家辉或是布鲁斯南这样的绝世好男人还是珍稀动物，是别人家的老公。同样的道理，你一个丝袜配凉鞋，头发油腻的胖宅男老爸，哪怕再有爱，我总觉得还有改进余地吧……

这点上，二宝爸也需要狠狠批评和检讨自己。看着二宝妈产后体重一点点向下探底，圆脸慢慢回归到迷人的尖下巴，自己却还在胡吃海喝直接奔着 200 斤的体重去，真是罪不可赦。你们已经这么评价过："嗨，二宝爸，你们一家四口的颜值被你拖后腿了。"嗯，就此搁笔我现在就杀去健身房，谁也别拦我！

全世界误会最深的职业——全职太太

　　生活里听到最多的，莫过于对全职太太 / 妈妈这个角色的亵渎和误解。仿佛全职在家的女人很没用、不独立，因为没本事而只有这唯一选择。说自己是家庭主妇时，总会迎来别人异样的眼光。就连热播剧《我的前半生》中罗子群劝姐姐子君时，也说了这样一段话："你看过哪个家庭主妇越过越好啊！没有的，都是越过越悲哀。"

　　说实话，作为一个全职爸爸，我竟然有着强烈的代入感，被误解后的苦涩和无奈，浓浓的，化不开。自从全职在家相妻教子以来，我也经历了很多外界的误解。心里泛起的一阵阵小小酸楚，就用以下的小文来倾吐，亦为全职妈妈战友们抱不平。

　　作为曾经的职场爸爸，如今的全职奶爸，可以扮演"摆渡人"的角色，以一个"转战"过两大阵营的奶爸视角，斗胆写下自己的感受和感悟——或许，能帮助促进双方对彼此的埋解。

　　我用几个关键词来形容概括全职后的生活。

关键词一：疲惫

　　本以为全职在家的日子是逍遥而自在的，闲云野鹤，云淡风轻。

　　童话里都是骗人的。朋友圈里闲看云卷云舒的全职妈妈，要么是我等望尘莫及的女超人，要么就是含泪扮光鲜。反正，我是后者。

关键词三　奶爸的自我修养

关于带娃，二宝爸曾写过一段总结和分析，为什么比上班累：在外上班，很多时候可以根据你自己的一套模式在操作，你是主动出招；带孩子，大多时候却是被动接招，跟着熊孩子节奏走，自然是殚精竭虑，元气大伤。但本以为"累归累，至少自己的时间多了"，实践证明，是我天真了。原因很简单：以前双方都要上班，家里的大小事务谁有空谁来处理；而现在你全职在家了，你不打理谁打理啊？何况，从内心讲，都不出门上班了，还不把家里事情管好，自己都觉得惭愧。如二宝爸我，责无旁贷屁颠屁颠就当起了早晚接送领导的司机，女儿的陪读陪练（游泳乒乓芭蕾……省去若干项目），晚上辅导功课自我打鸡血，一个都不能错过啊。

不知不觉，大把碎片时间，被填满了。我惊然发现，每一天都过得支离破碎，那些时间管理的技能完全无从下手。比上班还忙碌的状态，让我依然没时间写公众号。按照卖家秀的画风：我带上最新款的苹果笔记本，端坐在咖啡店内，看着窗外人来人外，浅笑吟吟地敲打着键盘；现实中的买家秀画风：好不容易等两娃都睡了，偷偷爬起来躲在黑咕隆咚客厅内，做一条熬夜码字的公号狗，累到生无可恋……至于那些除了带娃还买菜做饭一条龙的全职妈妈，在我眼里简直就是 BUG 一样的存在。

其实，我还算幸福，家里至少有阿姨能帮着做家务。而那些全职妈妈的日程安排，就跟陀螺般疯狂旋转：早上做好早餐，送孩子去幼儿园（兴趣班），回家路上买好菜，再急急忙忙到家洗衣服，晾晒衣服，忙完之后打扫房间，做家务，没多久就到中午了，又要洗菜、择菜、做饭……各种电费、水费、煤气费要交；家里的花花草草需要浇水；亲戚之间的人情往来；老人生病住院的陪护；日常用品的购买；家里水龙头坏了，下水道堵了，电器坏了，都要找人修理；小孩上学、教育、日常照

料，繁琐异常，心力交瘁……这样的工作，没有周末，没有节假日，一年365天，天天需要上班。躲无可躲，无处遁形。

而这些全职妈妈最大的悲哀是，经年累月、终日忙碌，可当别人问你在忙些什么的时候，往往讲不出一件体面的事情。我以前没当过家，看到电视剧里全职妈妈如祥林嫂一般抱怨，也会轻描淡写嘀咕一句："当家庭主妇多好，自由又轻松，每天在家里舒舒服服的。就这些鸡毛蒜皮的事，能有多累？"这种看人挑担不吃力的幼稚和优越感，直到自己成了一个如假包换的全职爸爸，通过自己的切身体会，透过自己的切肤之痛，方能感悟到家庭主妇们的不容易。

我在人大新闻系读研时，认识了一个很牛的学姐。五百强高管，雷厉风行，意气风发，风头无两，就跟翻版唐晶似的。前两年有了娃后在家全职，画风突变，话题都绕不开买汰烧。跟我聊天时，她算起一笔时间账：你知道当个全职妈妈有多累吗？我跟酒店清洁工聊过，他们每打扫一个房间大概需要半个小时，我们家四个房间，我又有洁癖，标准肯定比酒店高，每天整理房间少说就是两个小时以上，再加上买菜做饭、辅导儿子学习，时间真的是一丁点也不剩，比五百强工作累上十倍啊！

类似的这笔账，我也换个角度算过。当好一个全职妈妈相当不容易，拿着你的工资条，再做一个等式——一个好主妇，等于一个育儿嫂+陪玩看护老师+晚间补习老师+厨师+裁缝+会计+理财师+家政+营养师+修理工 对比一下，你就知道全职带娃的价值了——绝对的总监级别薪水。

打理一个家的难度，不输给打理一个公司，不啻于签下一份大单。

我尊重每一个在外打拼养家糊口的在职爸爸，但是，也请你们一定一定珍惜家里这块宝。全职带娃这活，真不是一般人能做好的。你们上辈子拯救了银河系知道吗？不要动不动就甩出"你不就是在家带个孩子吗"这种幼稚的话啦！你应该说，"你居然可以在家带孩子！"

关键词二：敏感

　　家务累，伤身；心累，更伤神。

　　全职的累，在于连轴转的节奏，让人没有时间喘息。上班再苦，午间休息好歹可以躲到咖啡店里葛优躺，晚上有个推不掉的饭局，简直如飞来横财般激动；若是在家带娃，除非熬到苦尽甘来孩子上学，否则身边总有个甩不掉的"橡皮膏"，哪还有自己单独的时间——娃能好好睡上两小时午觉，赶紧看集美剧逛圈淘宝，已经感觉自己中了一个亿。

　　因为疲惫，所以聒噪；因为失落，所以敏感。于是乎，整个人的精神状态就变了，有时如祥林嫂般絮絮叨叨，有时又敏感得像个刺猬。既把自己蜷缩了起来，又忍不住想去"攻击"对方。

　　前几天，深夜里，我悄悄爬起来跑到客厅码字，写到渐入佳境时，猛一回头，看到二宝妈站在我身后，一脸幽怨表情："本来以为你不上班了，就可以好好陪陪我，结果还整天对着电脑。"这句话，不知怎么就激怒到了我。我情绪激动，提高了嗓门："你什么意思？我白天还不是都在接送你们，陪你们做这个做那个？我也想白天把文章写好啊，你看我有时间吗？我都那么累了，你不安慰也罢了，还……"

　　连珠炮般把我的"委屈"砸向领导。这样的场景是不是似曾相识：孩子他爸下班回家，冲着家人大发牢骚，你们怎么都不理解我？我在外打拼不就是想为家里多挣一点钱？性情温顺如我，竟然也会说出那样的话，成了自己最反感的那种聒噪之人。回头想来，因为觉得自己为家庭牺牲很大，却没有得到充分理解和关心，才让我头脑发热情绪失控。

　　当下司空见惯的家庭矛盾，便是这般彼此埋怨。全职者指摘曰：你

们上班的整天神龙见首不见尾，带娃太不给力；在职者又牢骚满腹：你们在家做事效率低下，简简单单带个娃至于忙成那样吗？如果，都只是站在自己的立场看问题，那自然看对方百般不顺眼了。由此，二宝爸的感悟是，我们一定要多沟通，多设身处地考虑对方的感受。大家都不容易，何不多说说打气的话。

还是那句话，我尊重为小家在外辛苦打拼的人，体谅你们，深知你们的不易，反过来，也请一定要理解全职在家那位敏感易碎的心。毕竟，为家庭牺牲的人是 Ta，有情绪波动也是人之常情，需要理解，更需要小心呵护。诸如"带孩子有什么难的""还不是靠我赚钱养你们"这类无脑的话，脱口而出前一定要管住舌头，一定要屏蔽彻底。很可能，一句话，就是根一点即燃的导火索。温顺如我，都可能被引爆。

关键词三：隐忍

作为一个全职爸爸，我除了做好本职工作外，自然也想发挥一些余热，能在自由职业中多多创造价值，为家里献上自己的一份绵薄之力。因而，微信号的日常更新和维护，我一直咬牙坚持着。

相信大部分全职妈妈，都跟我一样。即便再忙再累，也都殚精竭虑地希望能榨干自己身上仅存的精力和潜力，寻找一份属于自己的小小事业，能为整个家庭多多开源。但，我们毕竟不是超人，时间和精力都有限，难免顾此失彼。

不夸张地讲，我随时打开手机扫一眼，未看的消息早已是三位数，条数是密密麻麻的小红点；微信号的后台留言、评论，噌噌噌地增长；微店里络绎不绝涌进来的留言，售前售后都有，转瞬就是几百条。白天忙着带娃，根本来不及看，来不及回。

很多人劝我招助理聘客服，可我又是那种事必躬亲每条必复的性格，宁可天下人负我也万万不可辜负读者。唯有留待晚上，花上 1—2 小时集中逐条回复。于是，难免会发生回复太慢、漏看消息等差池。遇上宽容的读者，豁达一笑了之；但却也难免碰上心浮气躁、尖酸刻薄之辈，一句质问和指摘，就能让我情绪低落一个下午，甚至怀疑人生。

"我也是没遇到过你这样卖东西的，感觉自己追着赶着买你家东西，建议你没空回复的话，就别开店了，还是把孩子带好吧"，有时候，这样一句话，刺伤了我这颗玻璃心，会让我情绪低落很久很久。

我的痛，也是天底下所有全职妈妈的痛。我们，真的很想把家庭和事业兼顾好啊。

自从成为全职爸爸以后，如此努力的我，还是成了别人眼里那个不靠谱的家伙。我不是一个靠谱的约会对象，带着孩子出门，就算每次把时间拼命往前提，留出充足的提前量，却也总会在出门前遇到各

种幺蛾子，最后紧赶慢赶还是成了迟到的那个；我不是一个靠谱的合作伙伴，没有办法把孩子留在家里潇洒出门，我就算外出谈事情都要把熊孩子带在身边，上蹿下跳的娃，让我唯有不停地向工作伙伴们点头致歉。

甚至，我都成了多年球友们心目中的"猪队友"。犹记得有一年参加球赛，刚好是周末，作为带娃生力军，我只能抠出区区一小时不到的"缝隙时间"，赶去球场驰援。上半场，我生猛异常，即便对手请到了申花队替补门将这样的强援，我依然打进了一个技惊四座的中场吊射。然而，打完这半场，在球友们快把我手撕了的凶狠眼神中，我向他们告假早退，"兄弟们，对不住了，下半场踢不了，我要赶紧回家了。我老婆现在一个人在家带两娃，撑不了太久，我答应她，就溜出来这一小时。撤了，抱歉……"从此，我这个野球小王子的口碑，在圈内一落千丈。

二宝爸想总结的观点就是：全职妈妈（包括我这样的全职爸爸），只是一种身份标签，并无高低贵贱。在条件允许的情况下，喜欢在家相夫教子的，那就努力做好家庭主妇；喜欢在职场闯荡的，那就马力全开，当一个光鲜亮丽的职场人。

彼此理解，岁月静好。既不做自我牺牲了无生趣的全职妈，也不做颐指气使盲目优越的职场人。在育儿这条道路上，不论性别还是身份，我们都应该是互帮互助志同道合的好战友，这样方能带着我们的孩子，一路披荆斩棘跋山涉水，抵达最美的风景。

不要在意别人所给的定义。我们唯一要做的，就是用自己的行动，去定义属于自己的幸福。成功的方式只有一种，那就是用自己的方式，去过好这一生。

给钱不回家的老公，要你何用

上周末，女性中热传两个话题，且都呈一边倒态势。

话题一：有趣的高晓松和无趣的吴彦祖，你选择谁？

话题二：老公每月给你 11 万，但是不回家，你愿意吗？

第一个问题的答案，不言而喻，我就不多说了。嗯，美貌本就是一件有趣的东西，矮大紧无人问津尚在情理之中；第二个话题"每个月给你 11 万，见不到老公，你愿意吗？"，评论全部一边倒，着实让人出乎意料。不待见老公的人，竟然那么多。随意感受一下网友们评论的画风：

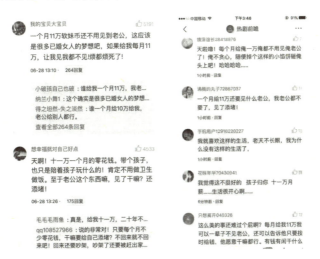

说实话，作为一个同样有着"老公"标签的人，看到这些评论时，我内心很不是滋味，很想为自己的男同胞们辩护几句。但作为一个全职爸爸，每天操心着孩子各种吃喝拉撒睡等各种鸡毛蒜皮事情，我又特别能理解这些妈妈的心声。换句话说，我和这些妈妈，是同一阵营的战友——因为，我们见到了太多太多不给力的爸爸。

容我冒着得罪很多爸爸的风险多说几句。优秀的爸爸千姿百态，渎职的爸爸却何其相似，身上的通病我基本归纳为如下几点：

1. 觉得带孩子简单，家里的妈妈若是没做到位，立马开腔指责；

2. 觉得带孩子这活太 low，又岂是一个做大事业的男人该干的；

3. 隐约知道带孩子辛苦，要么做巨婴，要么做鸵鸟，能躲就躲；

概括起来就是不会做，不肯做，不屑做。就像莫文蔚的那句歌词："你讲也讲不听，听又听不懂，懂也不会做，你做又做不好"，态度和业务能力都堪忧。

周末时，我把"月入 11 万见不到老公"的文章发到了一个直男群，全都是跟我踢球的大老爷们，周末个个风雨无阻到处踢球，有娃没娃一个样，生活无比滋润，质量从未走样。群里的直男们自然义愤填膺，没少声讨。我幽幽说了句："我看你们晚上撸串，周末踢球，偶尔出个小差，换做我是你们老婆，天天在家辛苦带娃，什么都指望不上你，我也宁愿要掌 11 万了。"

"你懂什么，我们也没办法，还不是要挣钱养家？"

"一个月挣到 11 万了吗？"

"这倒没有……"

"劳动力指望不上，那我选 11 万，没毛病啊……"

群里顿时死寂一般安静了下来。我好怕他们从手机里跳出来群殴我。

还想到了一个让我无比尴尬的经历。

早些时候，我带娃去南方某城市玩，到一个大学同学家里做客。女主人一个人在厨房忙里忙外，做出一桌大餐后，连上桌的待遇都没有，只能抱着孩子，猫着腰坐在墙角的小桌子前，给娃喂饭时，顺便自己塞几口果腹。我邀请她上桌，却被我的大学同学劝下：没事的，在我们这里，男人聊天喝酒，女人哪能上主桌呢？我觉得特别尴尬，这顿饭吃得如坐针毡。此时，儿子突然"大号"了，甚至都渗漏到了裤子上。我仿佛遇到了救星，找到了离席的借口，要抱儿子去卫生间换尿片、洗裤子。圆桌上，我那几个大学同学竟突然把我熊抱住，用看外星人的眼神瞪着我："哪有男人换尿片的道理？让我老婆帮你儿子去换。洗什么裤子？扔了买条新的不就好了？做男人不能那么抠门。来来来，喝酒。"

在拉拉扯扯下，最后，我的屁股始终没有挪动。我眼睁睁看着那个辛劳的女主人丢下饭碗给我儿子洗裤子的场景——这顿饭我食不知味，心情复杂。以上所有片段，每一段描述，每一句对话，都真实还原了我尴尬到恨不能钻进地洞的现场。二宝爸并没有贬低别人抬高自己的意思，更没有所谓的道德优越感，我感到的，是一种不可思议。（二宝爸旁白：这座南方城市曾经重男轻女风颇盛，但我以为在现代社会，我们这一代大学生应该都已很开明。）

那顿家宴上，几个大学同学在家里的真实一面，才让我窥一斑而知全豹地了解到：现在有很多这样的爸爸，他们不是坏人，他们才华横溢，品行端正，阳光热情，甚至还挺能挣钱，可偏偏却在"如何心疼呵护妻子和细心耐心养育孩子"这个没有标准答案的学科外附加题上，失去了方向，欠缺的太多。甚至，在行为意识上，处于一种完全不自知的状态，自我感觉良好，其实早已千疮百孔。

　　看看本文开头妈妈们一边倒的评论，就是最好的打脸。啪！啪！啪！痛吗？今天这篇文章写下来，我猜一定会得罪更多的人。二宝爸不是一个双重标准的人，我在数落别人不是的时候并没有夸赞自己。相反，我也一直在检讨自己哪里做得不够，哪里需要进一步改进。

　　我甚至也在暗暗地想，我家领导是不是也会去选择 11 万呢？没准我的身价比 11 万还低很多呢！所以，我现在的目标是成为领导心目中那个哪怕 110 万、1100 万都不肯换的金不换好丈夫。这才是我们每一个做事虽粗糙但态度绝对端正的爸爸需要努力达到的目标吧？

用理工男的时间管理术
变身三头六臂的超人奶爸

一直有朋友在后台问我：二宝爸，你白天带孩子晚上上夜班，还要打理自己的微信号，精力旺盛先不论，时间怎么够用呢？能不能分享一下你的时间管理术呢？

和那些生了三四个娃还轻轻松松读出一个博士，或出任企业高层的超级牛人相比，二宝爸我这种 level 根本不值一提，故始终不敢班门弄斧写这个话题。但转念一想，反而是我这种扔进人堆没了踪影的普通人，在时间管理和规划上的一些小小技巧，是不是更有普遍性和可参考价值呢？

一个微信号，两个孩子，三更半夜的工作，四个至亲长辈，五光十色的二宝妈（这个有些硬凑，哈哈）。我的日常生活，每天就像一张密密麻麻的课程表，从眼睛睁开的那一刻起，就如打仗般连轴转不停，没有一刻停歇。作为一枚二宝爸，如下文字未必有多少含金量，但希望能给柴米油盐一地鸡毛生活里的你，带来满满的正能量。

传统的时间管理文章非常多，大多涉及如"碎片时间管理""四象限法则""坚定的执行力""良好的工作习惯"等。作为一个骨子里根深蒂固的交大理工男，因为本科四年长期浸泡于计算机专业里，我在时间管理上，其实是用一种比较独特的计算机理念在执行。

多线程 / 进程执行

理工男解读：

大部分操作系统（如 Windows、Linux）都是多任务操作系统，其背后的任务调度是采用时间片轮转的抢占式调度方式，也就是说一个任务执行一小段时间后强制暂停去执行下一个任务，每个任务轮流执行。

CPU 的执行效率非常高，时间片非常短，在各个任务之间快速地切换，用户根本感觉不出来 CPU 是在轮流为多个进程服务，给人的感觉就是多个任务在"同时进行"——比如你可以边听 MP3 边上网，与此同时甚至可以将下载的文档打印出来，而这些任务之间丝毫不会相互干扰。

线程和进程都是一种抽象的概念，线程是一种比进程更小的抽象，线程和进程都可用于实现并发。多线程 / 进程可以在同一时间完成多项任务，以提高系统的效率。

二宝爸实战：

我们去便利店会注意到，一个店员同时要接待付款的客人、帮助加热各种食物、打扫卫生、处理账单等，能忙而不乱地进行这种多线程的日常工作。作为参考，在琐事繁多的生活里，我对自己的要求是，"必须安插一颗高效的 CPU 大心脏"。

我是个把家庭看得比任何东西都重的人，我特别希望每一天的生活里，都有家人的相伴，谁都不要缺席。时间不能掰成两份用，但如果把生活过成多线程 / 进程模式，是不是可以变相理解为时间的延长和复制？

比如早上，我都会尽量早起送女儿和二宝妈，先送小美女上幼儿园，再送领导去单位，这样效率最高，亲密互动也很快乐。如果我为了赖床而蒙头大睡，错失的，是最宝贵的亲子时光和夫妻情感交流——CPU处于闲置浪费，是最大的犯罪。

送完大小女神回到家，白天是我陪伴儿子的宝贵时间。同样，我基本每一天都会带着儿子去爷爷奶奶家，尚在术后恢复中的爷爷，看到我儿子就是最好的一剂良药，心情阳光灿烂。每次看着爷孙俩的互动，我也会被这股快乐情绪感染，再苦再累都心甘情愿。

遇到阳光好的日子，我就带着爷爷、奶奶和儿子，走走逛逛上海的大小公园，享受天伦之乐。爷爷的病愈休养，儿子的户外学步，和自己父母的每日见面，老人和第三代的亲密互动，一样都不耽误，这就是我最钟爱的多线程／进程模式，忙而不烦，乐此不疲。

　　甚至于，白天但凡有人约见，我从不问时间地点，唯有一句话：可以带我儿子来吗？他很乖，保证不影响我们谈话。(前几年，我去哪里赴约都带女儿，如今换作了儿子。) 在二宝爸有些"悲观"的理念里：我们能和自己孩子朝夕相处的日子就这么几年，甚至能用倒计时计算，等 Ta 再大一些，有了自己的小伙伴，没准都不愿跟你玩了。所以，我特别珍惜和孩子在一起的每一分每一秒。

　　一寸光阴一寸金，荒废一秒都痛心。

　　所以，你们如果哪天想约我这个十八线网红喝下午茶，就有机会见到我家美男子啦。这也是二宝爸一直不太认同那种"有了娃，没了自己生活"说法的原因。你看我，不管去哪里浪，身边必然带个萌哒哒的小跟班，人家老外不都这么过来的？饭局上，我吃火锅你吃面；K 歌时，我鬼哭狼嚎你当听众；球场上，我过人如麻你做场边啦啦队……生活多美好啊。

去年夏天，我拔了大脚趾指甲，需到医院打三天吊针。每次我都要求护士妹子给我挂左手，这样，我就可以在百无聊赖的"打点滴任务"之余，同步开辟新任务：在手机上码字写微信文章。连续三天，我产量惊人，码了多篇推送，其中还有爆款，获粉颇丰。所以，在辛劳带娃、繁冗工作和庸常琐事的包围中，如果方法运用得当，的确可以让你像孙悟空一样分身，优哉游哉应付各种状况。

（二宝爸旁白：三年后的今天，女儿已经两年级，儿子上了幼儿园，各种兴趣班的接送任务应接不暇，时常出差成为空中飞人也是常态，琐事远比三年前更多。我已经熟稔掌握了利用碎片时间，在兴趣班周围的咖啡馆、快餐厅、机场休息室，甚至把自己膝盖当作电脑桌，见缝插针打开笔记本秒写文章的能力……）

冒泡排序

理工男解读：

冒泡排序（Bubble Sort），是计算机科学领域里一种较简单的排序算法。依次比较相邻的两个元素，按照从小到大或者从大到小的顺序进行交换。走访数列的工作重复进行，直到没有再需要交换，也就是说该数列已经排序完成。

二宝爸实战：

生活中，当然没有冒泡法那么复杂，但大体遵循的原则差不多，就是每天我会梳理一下当天要做的事情，用冒泡排序的思路，整理一下事情的优先级和权重，选择最需要优先处理的"重头任务"。

和上述多线程／进程的概念有一些区别的是，第一条原则里，在同一单位时间切换执行的，大部分都是权重程度相近、也不是最紧迫重

103

要的日常事务。如果在冒泡排序后，我发现今天有某件特别重要的事情排到首位需要操作时，我会优先来处理，也尽量不要频繁切换线程 / 进程。曾有心理学家表示，当你从任务 A 切换到任务 B 后，执行任务 B 的绩效要明显比非任务切换条件下执行 B 的绩效差，这个差异称为"切换代价（ switching cost ）"。

切换代价的形成原因主要有两种：

一是任务 A 留下的认知惯性（ 如认知情境、反应方式等 ）会对完成任务 B 造成干扰。比如我在陪伴孩子的时候，不会选择见缝插针去写文章，因为前者会对我的文字创作形成严重干扰；

二是做 B 的时候需要对 B 进行认知重构，重新回忆起 B 的相关背景和信息，这个重构也需要时间，而且可能不完整。比如，在和孩子诵读绘本时，就不要心猿意马地把玩自己的手机，手机上的信息也会打断亲子交流的连贯性，甚至讲故事的思路。

写一篇高质量的文章推送，做一份全家出游的详细攻略，陪女儿 / 儿子去游乐场玩，和孩子一起看绘本做游戏，专心开车保障家人安全……诸如这些场景出现在冒泡排序的最高位时，二宝爸会选择心无旁骛地去做好——此刻，一个进程足矣。

算法和结构

理工男解读：

每一个程序员都知道，算法可谓是一个程序和软件的灵魂。只有对一些基础的算法有着全面的掌握，才会在设计程序和编写代码的过程中显得得心应手。而一个好的程序，离不开一个优秀甚至漂亮的算法和结构，至于细枝末节的内容，可以在此后的编译和调试中慢慢来。

二宝爸实战：

大多数的任务，都有一个至关重要、通常也是最棘手的核心部分——这个部分需要我们集中精力、非常专注地进行思考，然后将其破解。一旦拿下了这个"核心"，即搭建了成型的框架和思路，那么这个任务就已经完成了大半。剩余的，就是一些支持性的、补完性的工作，属于锦上添花了。

二宝爸从读书时起就有一个习惯，面对任务时先不急着动手，而是思考这项任务的最核心目标（难点）是什么。当你找准了"硬核"（Hardcore）后，使出一切解数去啃下这块硬骨头，一个逐渐成形的思维结构就会慢慢浮现，而非本末倒置先去处理周边无关痛痒的打扫性工作。

比如春节前夕，应读者们的要求，要写一篇"推荐猴年拜年服装"的文章。你们觉得第一步应该怎么做？直接去淘宝搜索"拜年服"或"唐装"？浩如烟海的一百页列表，会让你们抓瞎；去首页看专题推荐，买那些烧了广告费后直接把成本转嫁到你们身上的死贵衣服？都不是。

正确的思路应该是：先设计和规划文章的架构思路。即分析你的受众，他们的兴趣喜好、关注方向以及个人诉求，在此基础上，把文章的内容以及展现方式想明白。

我很了解你们（哈哈，彼此都是老熟人了对吧），你们对二宝爸的要求就是：推荐那些有个性有颜值不会泯然众人、能在新春抢夺眼球的、但又价格可爱亲民的好看拜年服。所以，我构想的思路，首先不能简单粗暴去搜索，而是先把拜年服广义地分个类：分为内搭打底、外穿棉衣、趣味附件等，其次在搜索上多用"原创""限量""萌"等字眼组合搜索，再设定价格区间，范围和选择面就小很多，风格也会比较独特有想法，找起来也省心很多。

　　这只是简单举例，我想阐述的意思是，在扫描任务"核心思考区间"时，其实并不需要任何辅助，只需思考，专注的思考，需要的工具，仅仅是一张纸和一支笔，或手机上记事本类的应用，把灵感快速地记下来。一旦完成了这个过程，我就可以大呼一口气，甚至 break 一下也无妨，之后可以选择继续填充具体内容，也可以去做别的工作。

　　当我开始在淘宝着手寻找商品和配图，或者填充文字描述时（"操作性动作区间"），我已经不会介意被打断，因为我知道，这个任务在某种意义上，已经完成了。当我毫不吝惜地花费了一些时间，以一张纸和一支笔（偶尔也用手机记录），用我纯粹的、专注的思考设计完"架构"以后，之后的进度将会更高效地高速完成。

　　譬如我很多文章都是用手机打出来的，虽然用户体验并不佳（修改比较麻烦），但因为我在脑海里已经有了成熟的架构，所以不论手机上还是电脑上，完成文章的速度都是飞快。无非就是手机写完以后，还需要在电脑上进行遣词造句的润色加工——但这也仅仅是自我满意度从90分到95分的锦上添花，举手之劳。

　　这也是二宝爸提升工作效率的一个自我心得。很多时候，你只是需要一个专注不受干扰的、能纯粹跳脱出来思考的、能达至忘我状态的、能把最关键的"硬核"（Hardcore）搞定的那份"前期架构"工作。

　　（二宝爸旁白：那时候我还不知道思维导图，后知后觉接触后，惊为天人，这不就是我们 IT 男常用的算法结构图之"育儿生活简化版"吗？用来规划日常带娃的最优化模式，太好用了。）

利用控件

理工男解读：

　　控件也称为组件或者构件，通常俗称第三方开发控件，是软件中可重复使用的功能模块，如具有复杂功能的菜单、表格、报表或者用户界面等，可广泛应用于各类软件中。使用第三方控件，可以有效避免重复开发，提升开发速度。

二宝爸实战：

如果是一个处女座程序员，往往看不上一些第三方控件就会选择自己做一个。同理，有些事必躬亲的处女座妈妈，凡事都要自己亲力亲为，把自己累坏了不说，时间也会捉襟见肘。

二宝爸也承认有些控件很丑，但！是！减轻了咱的工作量啊！每个人一天都只有 24 小时，所以我们应该把时间浪费在自己喜欢的、最美好的事物上。所以，二宝爸特别喜欢使用各种"控件"来给自己减压：我不喜欢洗衣服，所以我让洗衣机代劳，虽然可能没有我手洗那么干净；我不擅长做菜，所以我请住家保姆为我们烹饪美食，虽然自己少了为家人"洗手做羹汤"的成就感……

我们一定要明白，在自己薄弱的方面，付出与回报往往不成比例，枉费精力去做一件效率低下的事情，影响的是自己的时间价值。如果自己做能打 90 分，机器干的活也有 80 分的话，我权衡之后就会让后者代劳，解放出自己的时间，去做更重要的事情，比如高质量地陪伴孩子陪伴家人。

二宝爸曾在朋友家看到过一款挂壁式洗衣机，我至今都很长草。等我家哪天不用住家保姆了，就去安装这样一台洗衣机，可以把孩子衣服和大人衣服分开且同步一起洗，大大提升了效率。当我在家带娃的时候，我这个"厨卫小家电控"的工作节奏通常是这样的：

一早起来，昨晚临睡前预约好的豆浆机已做好了香浓的豆浆，电蒸锅上也自动完成了烧卖的蒸煮；

洗衣机里刚刚自动洗完满满一箩筐衣服；

和娃在围栏里一起玩耍时，奶瓶消毒烘干机正在紧锣密鼓处理新一拨奶瓶和餐具；

午餐时间，自动蒸煮搅拌辅食机给娃做一顿品相普通但却省力好吃的午餐；

下午睡觉前，全自动胶囊奶粉机一键完成奶粉的冲泡工作；

娃起来后，用全自动原汁机打一杯鲜橙汁给 Ta 喝；

带着娃下楼户外运动，留一台自动扫地机在家任劳任怨地忙里忙外……

是不是觉得二宝爸好懒啊？可是，只有我们越来越懒，我们的时间才会越来越多，不是吗？

（二宝爸旁白：长草没多久，后来我真的把那台挂壁式洗衣机买回了家，目前还在用，真心太方便了。这三年里，虽然上文里诸如泡奶神器、辅食机等已经退出历史舞台，但我的厨卫又陆续增添了好多可以解放双手的新成员：胶囊豆浆机、带烘干消毒的洗碗机、厨艺无敌的破壁机、微波炉烤箱一体的水波炉……能解放我双手且换取宝贵时间的好东西，我从不吝啬花钱。）

代码漂亮注释全

理工男解读：

代码注释，可以说比代码本身更重要。友好的代码注释，能让整个代码读起来不会晦涩难懂，也便于让其他人接手。

二宝爸实战：

我本是一个过目不忘的翩翩少年郎，如今已是记忆力江河日下的

108

胖大叔。很多时候经常前记后忘，看到一个再熟悉不过的球员或演员，名字在嘴边却死活想不起。甚至还发生过忘记去学校接女儿，自己屁颠屁颠竟然去了单位，把女儿孤零零留在幼儿园的"惨剧"。

　　自己分析了一下，原因应该有二：一是有了娃以后，睡眠时常被打断，这种强行又频繁的"硬插拔"，造成了大脑硬盘里无数"坏道"；二是日常琐事实在太多，大脑硬盘各种碎片，臃肿到不堪重负，运行速度愈来愈慢……我这个比喻，你们有共鸣吗？

　　怎么办？无他，好记性不如烂笔头。二宝爸自己比较偏好使用的是有道云笔记，平时有什么灵感或待办事项，就随手记录下来。如果有那种时间节点的任务，则用手机备忘录和闹铃提醒。

　　手指动一下，生活更精彩。我一直觉得人生最宝贵的就是陪伴以及和孩子在一起的时光，千金不换。也正是这种对天伦之乐美妙光阴的"极度吝啬"和"锱铢必较"才让二宝爸会在时间管理上如此花心思。因为，你若是把时间的利用追求到极致就等于变相延长和拓展了时间的效用，让我们的人生、我们和家人在一起的时光收获了加倍放大的幸福。你觉得呢？

超级奶爸育儿手记

我们不是随便拼爹的人，
但拼起爹来不是人

这个世界，对当爹的越来越不友好了。上个星期，几乎每一个家长群都刷了下面这样一张图和一段视频：

网上的热议，我就不多贴了，每一段话，对我这样没身材没舞技没胆魄的"三无爸爸"而言，都是一阵阵的刺痛。

我在群里无奈地说，自己也就只能演旗子了。

今天，请允许我代表老父亲们吐个苦水，说句心里话：当个爹，我们容易吗？这年头，当妈要上得厅堂下得厨房，当爹的硬指标，有过之而无不及。不信，就让我来一一列举。

会跳舞，豁得出那种；会运动，肌肉男那种

跳舞就不多说了，不想在伤口撒盐。本来以为当爹只要头脑发达就行，没想到连身材标准也越来越严苛，越来越不友好。丰满一点的，在娃的幼升小面试中，一不小心就会成为孩子的累赘。

暗暗庆幸女儿考的民办总算没有以貌取人，否则就算我拼命辩解，说自己"肥而不腻"，估计也不管用。过于"丰满"不行，那当个苗条点的爸爸，总 OK 了吧？太天真了。难道你不知道，一到学校的运动会和各种专项比赛时，就不知从哪里会冒出一堆魔鬼筋肉人级别的爸爸吗？

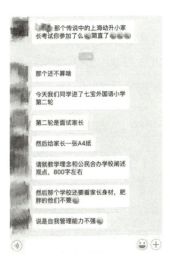

上个月底，儿子的幼儿园举办运动会，我刚好出差泰国错过。我们班级的众爸爸在拔河比赛中被对手按在地上摩擦，毫无还手之力。原因无须多说，一张对手阵容照就能看懂——

儿子班级群里"哀嚎遍野"：这体重上就没办法和对手抗衡啊……

二宝妈在群里懊恼地说：都怪我家200斤出差了。我却暗自庆幸：冲着对方班级那群吨位的爸爸，我就算在比赛现场，也是炮灰的命啊。

顺便再说个真实而魔幻的故事：女儿大班毕业旅行时，有一个模仿"奔跑吧兄弟"的撕名牌游戏，在几个班级的老父亲之间角逐展开。你能想象这样一幅辣眼睛的画面吗：面对一群1米9的大汉，我这种200斤体格的爹，却像一只无助的弱鸡，躲在墙角瑟瑟发抖，保护背上那块摇摇欲坠的孱弱名牌……

会给孩子上课，飞上天的那种

女儿在幼儿园的三年里，我为了展现一个"准全职爸爸"的光辉形象以及正面能量，一直很努力地向学校示好，表达了自己愿尽一份绵薄之力的想法。陆陆续续也做了点小事，一度以为自己很牛了。在中秋节做了PPT，给孩子们上过科普课；暑假给全班孩子上免费的足球课，

为他们拍下英姿飒爽的美照；手把手教过幼儿园老师，怎么开一个公众号。（这是我为数不多的骄傲和自豪）

这份小小的嘚瑟，却在几天前被摧枯拉朽之势击得粉碎。又是一则让人瞠目结舌的新闻，在我们老父母亲的群里刷了屏。

搞了半天，我只是个停留在PPT级别的奶爸，人家已经直升机上天了。再这样下去，就差带孩子们去自家的核潜艇参观了……

二宝爸"恶搞"了这样一张表格，纯属好玩，欢迎各位爸爸对号入座。

草根级	做个 PPT 给孩子科普知识
小康级	请孩子到自己的企业参观
土豪级	用私人飞机把孩子带上天
神　级	想象力已经被限制，请你说

再顺便举个例子。二宝爸本来觉得自己足球踢得挺牛的，带孩子们一起玩也是很有爱的。后来听说某幼儿园，人家爸爸教孩子们踢球一板一眼特别专业，再一问，这位爸爸是河南建业的退役球员，踢过中超联赛，甩我几条马路……

会给孩子办生日宴，军备竞赛最高级别

各种育儿群里，关于给孩子办生日派对的话题，从来不间断——爹妈最发愁的，就是这种不断升级的派对级别，就跟军备竞赛似的，让普通百姓家庭无从应对。这个话题就不展开了，网上热议实在太多。

现在请全班同学到自家游艇开个大 party 这种，已经算是入门级，撩拨不起帖子里的任何涟漪了。就算孩子的生日宴上出现个把三四线小明星助兴，我也不过是低着头说一句，"哦，蛮好"。

让我内心大惊失色的，是身边一位朋友跟我分享的真实事件，发生在魔都人人向往却又只可远观的顶级幼儿园。据说，这位老父亲是导演，女儿生日宴那天请全班同学去影院看他的一部新作——你猜中了，这部电影，便是送给女儿的生日礼物，女儿亦是主角之一；你猜不中的，是某影帝级男演员，在其中零片酬客串，为他女儿配戏……

时间和财务自由，分分钟可以请假

如果二宝爸不是全职奶爸的话，我很难想象自己可以像那些西装革履的爸爸那般，有如此多时间来学校参加各种活动：开学家长会，期中家长会，春游，秋游，运动会，父亲节，汇报演出……

掐指算算，几个月要请那么多假，老板如何忍？有时，真的很佩服那些来去自由的爸爸，必须又有钱又有时间，才能应付得过来啊——我要还是辞职前的编辑一枚，这样频次的请假，应该已经被主编炒鱿鱼了。

再拿魔都某顶级幼儿园举个例子。也是朋友聊天时说起，她女儿班级在公园组织户外活动一日游，群里那些爸爸全忙坏了，让秘书张罗定制帐篷地垫，让办公室主任采购午餐点心……总之，八仙过海各显神通。据说活动当天，来的爸爸有不少董事长级别的，在大草坪上围成一圈陪孩子玩老鹰捉小鸡，欢声笑语，余音袅袅。那可能是史上最贵的"一群小鸡"。

对了，说到家长会，二宝爸忍不住额外吐个苦水。作为姐弟俩的家长会几乎全勤的奶爸，我一直觉得，家长会对一个老父亲的综合素质考核，有着极高的门槛和要求。比如，不俗的速记和归纳中心思想能力；比如，庞大身躯蜷缩在孩子的小椅子上，熬一个小时以上且不吭一声的吃苦耐劳精神；再比如，还要努力完成妈妈布置的会后与老师亲切交流的艰巨任务。

最难的是第三条。这意味着，要在一群簇拥着老师的妈妈堆里杀出重围，不露声色了解女儿／儿子在学校的动态，并诚恳地表达我们会全力配合的态度。这个尺度掌握拿捏，可谓非常精妙——不抢戏，不旁落，不舔脆，不清高，不卑不亢，不疾不徐，比谈一个大客户还难。

总之，二宝爸每次都是悻悻而归，从未顺利完成家里领导布置的任务。有这样一段对话，真实还原了现场：家长会上，老师放的 PPT 里的内容，你记录了哦？没来得及……那么，你会后和老师沟通了解阿拉囡囡的表现了哦？没挤进去……你有空群里多说说话，不要老潜水，家长会也要和老师同学家长多聊聊，联络一下感情，好不啦？没好意思……那安排你去开家长会是做啥去的？

吐槽归吐槽，其实，二宝爸的心态不要太好哦。我想得很明白，我这种"没财力，没体力，没颜值，没身材"，360 度全死角，从头到脚都是短板的老父亲，真要去拼爹，死路一条，拼不动的。

有句话说得很好：所有的烦恼，都源自比较。拼爹之路，没有止境；就像那欲望的沟壑，深不见底。荷包再鼓也富不过马云爸爸，颜值再高也帅不过贝克汉姆，智商爆表……这个更没啥可吹的，985 博士满大街都是。拼来拼去，除了徒增烦恼和焦虑，没有任何意义。

日子是过给自己看的，我们不求戏精上身，只求舒服就行。不要横向较劲，只和自己纵向比较——我这个爹，是不是事业上又跨前了那么一小步？给予孩子的陪伴质量，是不是又提升了一小截？孩子脸上绽放出的笑容，是不是比过去更阳光？他们看过的书行过的路，是不是比过去更丰富？

如果答案是肯定的，那我一定会欣慰而高兴，自诩还算是个不错的爸爸。嗯，至少没有不思进取不务正业，也努力把全身心的爱，浇灌在了家庭和孩子身上。说得再浅显粗俗些，比来比去拼来拼去的，自己总是唉声叹气，难免会把负面情绪潜移默化地传染给孩子。一不当心培养出一个愁肠满腹、性情阴郁的娃，后悔都来不及。

当老父亲的，还有一项必备的基本技能和自我修养：学会自黑，学会吐槽，把槽点变笑点。相信我，一个会自黑的爹，和自家孩子过的小日子，一定不会差到哪里去。就像我，总爱自黑，说自己是 200

斤的油腻奶爸，其实就是为了逗你们开心。你看我在美颜相机和朋友圈玉树临风的样子，我怎么可能真的会有 200 斤呢？我明明是 202 斤好吗！

关键词四

亲密教养

从灰头土脸到元气满满，带娃需要营造仪式感

曾经，我疯狂迷恋村上春树，就连书中每种句式都反复诵读，欲罢不能。最让我感到鬼斧神工的三个字，是村上春树创造的一个词：小确幸。

小确幸，微小而确实的幸福，每一枚小确幸持续的时间是3秒至一整天不等。

新买回家的"布鲁斯兄弟"棉质衬衫，闻着它的气味，体会着它的手感；亲自选购内裤，把洗涤过的洁净内裤卷折好，然后整齐地摆放在抽屉中；在鳗鱼餐馆等鳗鱼端出的时间里，独自喝着啤酒，翻看着杂志……

村上笔下的"小确幸"，用现在流行的话说，就是对待生活的一种仪式感，以认真有趣的态度对抗生活里无趣琐碎的小事，体悟到生活本质中不易察觉却又被悄然发掘的乐趣。

更早些时候，还没有那么多新鲜热词，我并不懂什么仪式感、小确幸，但内心有种道不明的动力，驱动着我去努力捕捉和感受流淌在生活里那些稍纵即逝的美好。电视里、杂志上、书本中不经意的一个细节，会让我感到温暖而满足。想来，我从小就对仪式感这东西心存敬畏和迷恋吧。

初中时代，我是一名东爱迷（暴露年龄了，东爱就是东京爱情故事）。最打动我的画面，不是赤名莉香标志性的笑脸和甜到酥的一句"丸子"，而是——她晚上睡觉前，会对着自己的床大喊，"一号泳道的赤名莉香选手，准备"，然后，幸福地扑向柔软的大床，忘却一天的烦恼，静静地睡去。这个画面，每一次都撩拨了我的心弦。这是我见过最有趣最温暖的入睡仪式。

很多妈妈都不约而同问过我：二宝爸，看你每天又带孩子又上夜班，还要写文章，我们带一个孩子都快累死了，你是怎么做到每天都满满的热情和能量呢？此处标准的鸡汤回复版本是这样的——村上春树曾说过，如果没有这种小确幸，人生只不过是干巴巴的沙漠而已；王小波也曾说，一个人只拥有此生此世是不够的，他还应该拥有诗意的世界；高晓松又曾说，除了眼前的苟且，我们还有诗和远方……

十八线网红二宝爸的实诚回答是——我都快被两个熊孩子榨干了，累到想死的心都有，生活再没点仪式感简直无法活下去啊。

大家都是干这一行的，都知道有孩子的家庭会陷入怎样一种混沌无序、兵荒马乱的局面。一抓狂起来，仪式感早就被轻易抛诸脑后。加班回家还有个嗷嗷待哺的孩子，从冰箱里随便翻出点食物就凑合着一顿晚饭；一晚上忙着给孩子洗澡泡奶换尿片，就算娃睡着了还有一堆脏衣等着手洗，连追韩剧的时间都没有；早就没了形象，丑爆了的睡衣，三天不洗的油头，护肤化妆品束之高阁……

我比你们谁都怕把生活过成这番德行，这也是我无比尊重和敬畏仪式感的缘由所在。以有趣对抗无趣，用认真干掉敷衍，拿微笑取代牢骚，生活自会灿烂。一张暮气沉沉、寡淡无趣、牢骚满腹的苦瓜脸，又怎么会拥有意趣盎然的生活呢？

前几天参加一群奶爸的圆桌会议，话题是关于"知道自己当爸爸的

第一反应"。我的第一反应除了把领导抱起来原地转三圈外，马上屁颠屁颠买了一件某明星代言的防辐射服，价格不菲，四位数。我完全不在乎防辐射这个概念是否忽悠，也没心疼为何不去网上淘一件价廉物美的。对我来说，人生将翻开一个新篇章，我希望用一件美好的事物来迎接我和太太——我们，是即将踏上人生新旅程的准父母了！

当领导把那件银色防辐射服套在短打 T 恤外时，我觉得这一刻光芒四射，比任何一个身着奢侈品高定走秀款的模特都美。在待产期间，因为对每一桩准备工作，我都心存敬畏，我都尽力做好，所以点点滴滴的每一幅画面，都深深地烙在我脑海里，全都是甜蜜到心田的回忆。我会乐此不疲地每天流连于各种育儿论坛，在摸索这片未知领域时，诚惶诚恐又毕恭毕敬，懵懂困惑又亢奋好奇。我一口气海淘了一千多元的各种婴儿洗护产品，给它们排排坐，幻想着每一款都用于未来孩子身上的哪个部位，是毛茸茸的小脑袋，还是光溜溜的小屁股呢？

我做了整整三大页的待产包 excel 表格，连一块产后卫生巾的对比测评都不放过。提前给未来宝宝囤了一大堆衣服，一遍遍反复折叠，打乱了，再整理，享受其中的过程，幻想着哪一身搭配会最好看。想着想着就笑出了声。是不是觉得有些不可思议，对如此繁琐零碎的工作都能乐在其中？因为，我打了一针叫作"仪式感"的兴奋剂。

也许你们会说，待产的回忆当然是甜蜜的。有了娃以后，好日子就一去不复返了。非也非也。于我看来，仪式感的强大在于，在逆境中它的作用更惊人。通过不断暗示自己，强化精神，能够让我们继续坚持枯燥的生活，在遇到烦恼或者彷徨无助的时候，带来希望和力量。

二宝爸现身说法，说说怎么在无趣的育儿生活里找到乐趣。（平心而论，陪孩子玩是乐趣，伺候吃喝拉撒睡不是乐趣，你们同意吗？）

比如换尿片。又脏又臭，再遇上个顽固抵抗的熊孩子，这种苦差事

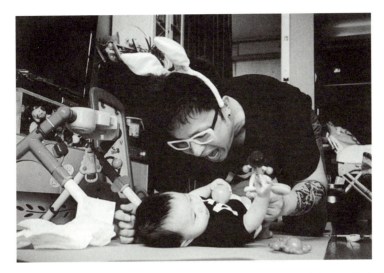

真是唯恐避之不及。何不就当作一场游戏来互动呢？贴张图，你们就知道我为了换尿片有多拼，这个互动过程又有多好玩。

再比如给娃做菜。我没有黄磊黄小厨那样的高超厨艺和好性情，甚至有些不愿踏足厨房接触锅碗瓢盆。于是我买了件 bape 图案的潮牌围兜，就是那么一个小确幸般的细节，就让我有了"洗手做羹汤"的动力。是不是很神奇呢？

喂饭，我给女儿 / 儿子买了一大堆有趣搞笑的围嘴。儿子的配置都是曼联、巴萨等足球俱乐部的款式，我会在喂饭时说，臭小子你要不多吃一点，不把自己吃成猛男，以后怎么去曼联踢后腰？

哄睡，刚好是我这个破锣嗓"开个唱"的珍贵机会，对面的听众是这个世界上唯一不会嫌弃我的人，这样的好事岂能错过？在十个音九个跑偏的"小燕子，穿花衣"中，女儿 / 儿子会很快安然入睡……

就算陪孩子学习这样枯燥乏味的事，在具备仪式感的环境里，孩子的学习态度和兴趣，也会发生你意想不到的转变。为了有一个单独陪

女儿学习的空间，我前不久不惜重金在阳台上打造了这样一个区域。

用村上春树的小确幸文风来描述：每一天下午，落地窗边的那张木制纹理桌子边，一对父女都会在阳光的沐浴下，拿着书本对话、相视、微笑……

只要你愿意，我们总能寻找到快乐。育儿需要仪式感，婚姻生活更是如此。虽然二宝爸长期从事夜班编辑工作，但只要身体情况允许的情况下，第二天一早我都会和领导同步起床，一起共进早餐，并送她上班，一路上交流前一天的生活点滴，总有说不完的话。身为夜班编辑，如果我像别的同事那样昼伏夜出，颠倒的作息会让我和太太成为周末夫妻。我当然不想这样，早上同进出的感觉，要比赖在床上好太多。

仪式感，是婚姻中的保鲜剂，更是不可或缺的元素，因为它会时时刻刻提醒夫妻两人，必须认真、敬畏地去经营婚姻。曾看到过这样一段话，很打动我——从感性的角度，在某时某刻特别用心做某事，带有仪式感，让人刻骨铭心。女孩子都向往一场浪漫的婚礼，很多细节都会有特别的要求，在那个仪式上彼此说着爱的誓言，一生中记忆最深的莫过于此吧。因为有仪式感，你才记得那天的阳光和白云，还有他身旁的微风和眼中的光芒。

也正因为如此，多年前的婚礼上，我也是准备了特别多的环节，以及给爱人和父母们一波接一波的意外惊喜。我不是秀恩爱，亦非秀孝顺，我想做的，是留下一段铭记终生的美好回忆。

圣埃克苏佩的《小王子》里，小王子驯养了一只狐狸。两人对于仪式感的理解颇为触动人心。

小王子在驯养狐狸后的第二天又去看望它。"你每天最好在相同的时间来。"狐狸说，"比如说，你下午四点钟来，那么从三点钟起，我就开始感到幸福。时间越临近，我就越感到幸福。到了四点钟的时候，我就会坐立不安，我就会发现幸福的代价。但是，如果你随便什么时候来，我就不知道在什么时候该准备好我的心情……应当有一定的仪式。"

"仪式是什么？"小王子问道。"这也是经常被遗忘的事情。"狐狸说，"它就是使某一天与其他日子不同，使某一时刻与其他时刻不同。"

如果，每一天都过得与众不同，总有一刻让人记忆犹新，那该是多么有趣的人生。

每次带娃出门就是负重行军的长征路

暑假这段时间，二宝爸经常带娃在外浪。esay 模式时，就带女儿一个；强度高一点，则拖着两娃，进入一挑二模式。不变的，是我永远都背着一个硕大无比的双肩书包。

父母心疼，阿姨困惑。他们总会问我，你为什么每次带娃出去玩，要背那么大那么重一个书包，那多累啊，不能精简一下吗？我摇头苦笑，无言以对，默默含泪。

在这个让人心痛的话题面前，为了给出最一目了然的解答，昨晚，我拿出了御用的双肩包/Daddy包，高高举起，把里面所有的东西"倾囊倒出"。那个场面，恍若重现了李太白笔下"飞流直下三千尺"的磅礴画面——林林总总五颜六色的物品，撒了满满一地。

我坐在地板上，把每一样物品做了解读。为什么，这满地一大堆东西，缺一不可。家人们瞠目结舌的表情，仿佛在说：这哪里是带娃出游，分明就是负重的万里行军路！

以下，二宝爸将按照吃喝拉撒用五大功能，把我Daddy包里的所有东西罗列出来。我想表达的是：虽然背着很累，但我真心觉得，这些东西都是刚需，少带一样都不行。

吃

围兜 + 餐具

我相信绝大部分爸爸妈妈，如果带孩子出门，都会自带一套餐具。

一来是比较干净卫生，二则孩子也比较适应自己的餐具，保持规律的用餐习惯，也是间接给父母减轻负担。

围兜也是小童必不可少的。在这张图里，二宝爸已经把"反穿衣"精简了。为了精简装备，我带的是正反两用的围兜——理论上可以少带一个。

喝

水杯

孩子大了，物权意识很强，每个人都要有一个自己的专属水杯。如果带两娃出门，两个水杯是必不可少的。

喝奶套装

夏天相对还好，如果需要泡奶，哪怕随便买一瓶常温矿泉水就能对付。冬天的话，如果在外给娃冲奶，这一套组合拳是必不可少的：自带60度热水的保温杯 + 尽量是宽口的奶瓶 1—2 个 + 提前存好 6 勺左右并分配好 2—4 顿的奶粉盒。

拉 & 撒

纸尿裤 + 湿纸巾 + 餐巾纸

带娃在外，最怕的就是毫无征兆的屎尿。所以，我一般纸尿裤带足 6—8 片 / 天。我的原则是：宁愿多带，也不能因为贪图轻松少带几片而面临尴尬。

夏天带拉拉裤，冬天换起来麻烦，就带普通粘贴式尿片。标配的还有一大包湿纸巾以及餐巾纸。

用

免洗洗手液 + 防晒霜

也许你会说我矫情，防晒霜都要带两罐。我给娃配的是喷雾式，便于小家伙给自己涂，也不容易浪费；我们成人用的则是涂抹式的。免洗洗手液虽然效果不如洗手好，但在有些地方没有条件洗手的话，还是需要在身边备那么一小瓶。

防走失包

带娃在外面大商场或是国外出游时，一定要紧紧看住娃。有时候我怕自己年纪大了反应跟不上，那就"勤能补拙"，把防走失包给娃背上，牢牢地把绳子拽在手里，我会安心不少。同理，两娃出游，人手一个，他们才会皆大欢喜。换句话说：我一个也得罪不起。好在，大部分时候，这两个小书包都是娃自己背着，也算给我减负。

便携安全座椅

这是二宝爸 N 次给大家普及和强调过的观点：不要抱着侥幸心理，也不要嫌麻烦。无论去哪里玩，但凡要坐车的，都给孩子用安全座椅。这里我就不涉及品牌了。总之，书包式安全增高垫、安全背心、便携安全座椅，现在可以选择的品类还不少。反正，这是我出门必带物品，哪怕再重，我也心甘情愿带上，没有商量余地。

相机、充电宝等

也许有的妈妈会说，其实相机可以精简，现在手机拍照的效果越来越好，完全不输给数码相机了。此话没错。不过作为一个爸爸，我对拍

照的要求或许比较高。每次出游，我最看重、也是我心目中最珍贵的，就是再也无法复制和重来的回忆。所以，我希望用最优质的画面，把这些美好记忆永远定格下来。

我会带上单反、微单和若干镜头，在不同场合选择不同装备拍摄。有时会做一点精简，只放一个单反，以及广角长焦和大光圈定焦两个镜头，拍人、拍景都能应付自如。至于充电宝，那可是手机一族的救命神器啊，我不用多说了。

皮肤衣

一件颜色鲜亮的皮肤衣，也是我包里必备的。我曾经给大家介绍过皮肤衣的优点，可以在温度较低的室内当"空调衣"，可以在突如其来的雨水里当临时"雨衣"。而且，收纳起来非常轻便，不占地方。

选配

其实，光是把上面二宝爸罗列的这些东西全部带在身边，书包基本就快塞满了。然而，这个精简模式，只会出现在最理想状态下。现实中，需要额外选配的物品，远远不止。

吸奶器等背奶套装

我现在可以长舒一口气，庆祝自己和领导苦尽甘来。但如果把时间往前倒推几年，背奶妈妈带着娃出行的日子，真的是不亚于一次负重长征。电动吸奶器是必备的（手动的虽然不受环境制约，但用起来太辛苦，容易引发妈妈的腱鞘炎），还要配2—4个标准口径的奶瓶（有的奶牛妈妈，光带2个奶瓶还不够），一套干电池装备（需要整整8节5号电池，分量可想而知），储奶袋和冰包（光是一块冰就死沉死沉）……

带腰凳的背带

在娃蹒跚学步前的阶段，自带腰凳的背带，绝对是解放老腰的神器。

犹记得儿子四个月时，我和领导带两娃去珠港澳玩了八天，一路上全靠这个背带——虽然塞进我的书包，占了差不多一半的空间，但我每次出门依然毫不犹豫会带着。

哺乳巾

如果是亲喂阶段，出门时哺乳巾也是必不可少的，可以神不知鬼不觉地完成喂奶。

替换衣服

如果孩子特别皮，我还建议包里多准备一套替换衣服，万一孩子把衣裤弄脏了／弄湿了／屎漏了，就不用担心了。

雨具

在东南亚等地旅游时，天气就跟孩子的心情一样摸不透，包里基本常备各种雨具。

小毯子

孩子如果在游玩路上睡着了，一条轻薄的小毯子，可以避免娃着凉。

平板电脑

绝对的哄娃神器，别说你不依赖它。反正遇到长途飞行时，我是肯定要带着的，世界清静又美好。

学习书本、绘本

如果出游时间比较长，我还会给孩子带上学习的书本以及他们喜欢看的绘本。

自拍杆

我和女儿出游，想拍合影时，路人甲乙丙丁的摄影技术参差不齐，只有自拍杆才靠得住。

娃的墨镜、配饰等

除了自己凹造型，也不能把孩子忘了。基本上，我的书包侧面口袋，就是孩子物品的百宝箱：五颜六色的发卡、发带、头箍、墨镜、潮帽、文身贴……

夏日去海边，装备更复杂，泳衣、浴巾、泳帽、游泳眼镜、替换衣服、防水收纳袋等等；冬日去滑雪，东西也超多，护手霜、防风眼镜、耳罩、帽子、手套等等。

而最累的，是带着娃出门旅行的来回路上。要带的东西，真是多到爆！除了上述提到的物品外，我的双肩包里，还会新增如下成员：两娃路上吃的零食、学习书本、绘本、玩具、平板电脑、一大家子人的护照和机票、笔记本电脑和充电器、单反相机和充电器、手机充电器若干、充电宝充电器、平板电脑充电器、电压转换器、万能插座……（总

之，无法托运的东西，全部都在我包里）

　　把上面这一长串物品写完后，我又仔仔细细核对了一遍，看看有什么能够精简掉的，答案是：臣妾做不到。请珍惜每一个带着孩子跟你们约会的人吧，也请不要责怪那个带娃出门时手忙脚乱的人，光是准备工作的工作量和隐形负担就非常之浩大，不亚于一场大工程。用一句现在很流行的话来总结和升华：带孩子出门这件事哪有什么云淡风轻，只是有人为你负重前行。

国庆带娃浪，结果累成这傻样

今天，和大家聊聊你们喜爱的话题，带娃出游——这是一把让人笑泪交加的双刃剑，每个人都被"创伤"过，都有满腹苦水要倒。别着急，让我第一个来！我和领导带着两娃国庆出门浪，终于活着回来了！国庆带娃出国浪的父母，是真的猛士。我和领导孤身带着姐弟，一路上遇到的国人游客，好多都竖起了大拇指：你们蛮拼的，有勇气！

这次二宝爸带两娃去的是菲律宾长滩岛，也算是和女儿把东南亚有海滩的国家，打了个通关（严格上说，还剩柬埔寨的小众海滩西哈努克等待拔草）。游记和攻略，我会从特别的角度写一篇；而今天有感而发的，则是一个带娃父亲的苦恼视角：

有了孩子后，带娃出游的画风，为什么变得如此心酸……

定线路

没有娃前，我和领导这两个文艺青年，定的都是小众线路，听一串拗口名字就知道跑的地方有多冷门：哈尔斯塔特、克罗姆洛夫、卡洛维瓦里……有了娃后，创意这个词就和我绝缘了。每次找地方去浪，尤其还要拖着一大一小两个熊孩子，我的要求已经简单和卑微到尘埃里：

1. 能挖沙就行！

2. 不要换酒店！

这几年的选择，不是海滩，就是海岛，我成了自己都"厌恶"的、毫无创意的庸常父母。没办法，拖着两娃东奔西跑一天换一家酒店的玩法，我这把骨头陪不动。唯有慢慢等待，等娃再大一点。

飞机上

嗯，就在几个月前，我一个人屁颠屁颠去瑞典跑马拉松时，坐飞机时的造型是这样的——手机里，存了一堆360度角自拍照，赛过活神仙。

前两天刷了朋友圈的一篇《带孩子坐飞机，真的需要道歉卡吗？》，戳中了我的内心——和一个人的潇洒来去相比，带娃坐飞机，那真的是提着一颗惶恐又忐忑的心，就怕熊孩子在飞机上闹出各种幺蛾子：甩腿踢到邻座；不停地踹前面人的座椅；带着去卫生间换尿片，在过道一路左冲右撞；哭嚷着要喝奶；开始撩后排的小男／女生；别人睡觉时，却如打了鸡血般发出不可名状的叽咕声……

最可怕的一幕如下：飞机即将着陆，卫生间已经关闭。爸爸，我要拉屁屁！！！还没来得及反应，一股酸爽之气扑鼻而来。说多了都是

泪。所以，至今我都没敢挑战 8 小时以上的航程……

装扮

没有娃前，旅游时的一大乐趣，就是尝试各种穿搭造型，从波希米亚风到北欧性冷淡，张张皆大片。

布拉格街头的领导，从波希米亚风短 T 到长裙、项链、墨镜、手链，构图、景深，每一个细节都可以精心搭配和设计。有了娃后，满脑子都想着配合每日主题，给娃怎么不重样地搭配行头。箱子里，塞满的全是五彩斑斓的童装。自己？出门前衣柜里随手抓上 N 件短袖（N= 出游天数 +1），箱子里一塞就出发了。如今带娃出游的基本造型就是，素颜 + 框架眼镜 + 没有任何设计感的超市款短 T。

框架眼镜 + 纯色普通短 T，是我家领导带娃出游最常见的装扮。不是失去了爱美之心和闲情逸致，而是带娃出游真的精力不够分配，只能在有些方面做取舍。没穿着污渍洗不清的哺乳套头卫衣出镜，就已经很对得起观众啦。

拍照片

没有娃前，每一个打卡景点前，可以凹无数个浪漫造型，慢慢拍就是。有了娃后，自己的美图是早就顾不上了。

如果你看到一个抠脚大汉，像条狗一样半趴在地上，嘴里翻来覆去那句"朝我看一眼，好吗？笑一个，求你了！嘿，看我手里是什么……"，请不要惊讶，我只是像条狗一样在追逐自家的娃，试图抓拍一张有着大长腿的美图而已。

更伤心的是，一家四口的合影，基本没有。自拍杆和路人都靠不住。我家姐弟如今爱抢相机给爹妈拍照，照片简直令人不忍直视。

▲ 他们的自拍技术是这样的　　▲ 给我拍的时候，出片是这样的

虽然我两百斤，但腿型貌似还不错啊？有妈妈总结道：有娃之前是我自己拍拍拍、美美美；有娃后是我追着她拍拍拍，丫还乱动不配合……累得老娘连修图的心情都没了！

尝美食

没有娃时，我大言不惭自称美食挖掘机。有了娃后，我沦为了面条

点单机。在新加坡精心发掘了一家米其林一星，兴冲冲带娃去享用，点满一桌，法式大餐、玉盘珍馐、帅气大厨，款款而来。对面只有一句话：我要吃面。

未雨绸缪预订了某海岛排队 2 小时以上的网红 BBQ 餐厅，带娃抢到了店内最佳位置，肉串香气扑鼻，我恨不得把竹签都吃下去。对面只有一句话：我要吃面。

总结下来，不管你点了多少山珍海味、米其林一二三星、大小网红名店，一切马屁都拍在马脚上。我家两娃就跟复读机一般，重复以下三句话：

我要吃白饭……我要吃面……我要吃冰淇淋……

讲真，我很想替大厨扁你们俩一顿……

住酒店

一掷千金（心疼不已）订下了某海岛最高大上的度假村套房，意气风发地推开门，等待着迎接扑面而来的溢美之词，却听见两个娃此起彼伏的吼声：

我要自己的床……我要我的枕头……我的毯子在哪里……

最心寒的，是娃撇撇嘴曰：房间好小！亲，这可是正国庆，考虑过你爹花了几千大洋、如今长途跋涉摊开一堆行李的感受吗？你知道我要码多少字才能换这房间春宵一晚吗？

睡觉

二人世界时，出游路上如胶似漆，仿佛两个人就是整个世界。酒店里，首选自然是 King size 大床。然而，有了娃后，大部分情况，我和孩子妈之间，横亘着两个边睡觉边打转的熊孩子。我们俩，要想拉个小手,比牛郎织女见面还难。

最远的距离,不是天涯海角;而是,我跟你明明睡一张床,我却连你的腿都看不到。

买买买

养娃以前,每次出游,一大箱子都是自己的东西:每天不重样的美服、首饰,连睡衣都有造型。而浪在外的买买买,过程更是超级亢奋。有了娃后,剁手的过程依然亢奋,只是,无论购物篮还是箱子里,塞满的都是娃的装备:奶粉、米粉、衣服、玩具……

有时不禁感慨,一旦自己升级为父母,不知不觉就变得那么无私和忘我。从昔日轻装上阵出游,到背着一个沉到爆的书包带娃万里长征,居然那么无怨无悔。

逛景点

关于两娃一路抢玩具、抢推车、抢父母注意力最后发展到打架的血泪故事,此处略去一万字。

我忍不住还想吐槽的,是如果带一个 5 岁以下儿童出游逛景点,就是主动找虐,名胜古迹从此是路人。你情绪饱满唾沫横飞地介绍着这个千年古城的悠远历史,他却跟你说"爸爸,我想挖沙";你沉醉于水清沙白的椰林美景中,讲述大自然如何打造出这片清澈海域,他却跟你说"爸爸,我想挖沙"。

好吧,带你去挖沙。那边又说:我要爸爸抱我过去挖……使出吃奶力气,扛着姐弟俩,终于走到沙滩上,老腰几乎累到折断时,却发现:娃睡着了,睡着了。总结下来一句话:与其上天下海,不如门口挖沙。

二宝爸吐槽完毕，本文除了逗大家一乐外，我想说，我们做父母的真的是一种很奇怪的生物哦。一旦身份升级居然可以从玻璃瓶倒了都不愿扶的懒癌患者，摇身一变为吃苦耐劳带着娃屁颠屁颠到处旅游的模范爹妈。吐槽和自黑只是我们一种放松和解压方式，内心深处而言带娃旅游是桩累并幸福着的事情。后者的甜蜜感足以冲淡任何付出和辛劳。哪怕只是孩子们挖沙时的回眸一笑就会让我心情荡漾一整天，不是吗？

没有一个孩子生下来就是懂事的。谁都需要过程，需要时间，需要这个世界对他的宽容。

也许一个路上很调皮的孩子，他只是第一次出远门，对外面的世界充满了好奇；

也许一个路上很乖巧的孩子，曾经也经历过大家的白眼，但是现在的他长大成熟了。

——致初至这个世界的好奇宝宝

你不知道带孩子旅行有多辛苦，

你也不知道带孩子旅行有多幸福，

所以，每一个带孩子旅行的爸妈都值得被尊重。

——致我们身边无所不能的劳模父母

关键词四　亲密教养

写在保姆电梯虐童后：找保姆的七大原则

　　这个周末，网上传出了一个人神共愤的视频。

　　我相信，所有的父母几乎都不忍心往下看，而内心简直气炸。

　　事发于郑州某小区，根据视频画面，一位母亲模样的女子抱着孩子，待电梯到达后，便与孩子挥手道别。随着电梯门缓缓关闭，孩子突然哭了起来。疑似保姆的女子这时非但没有进行安抚，反而立马举起了手……见孩子并没有因此而停止哭声，保姆竟然对一个幼童重拳相向。这还没完！见孩子继续哭泣，保姆转了个身，又是狠狠朝幼童挥了两次拳头……

　　好了，就此打住。更多的视频动图，我不忍心再放，更不忍心在孩子父母的伤口继续撒盐。监控视频显示，电梯关闭后，保姆先是举起手作势吓唬孩子，随后捶打孩子腹部 6 次，将其放进推车后，继续捶打孩子头部 2 次、背部 4 次，并摇晃其身体和手推车数次，直到走出电梯，全程不过 1 分钟。简直是丧心病狂，隔着屏幕都能感觉到这打得有多狠！根据最新报道，这名保姆已被拘留。

　　据派出所通报，2017 年 12 月 5 日 18 时许，接群众报警，称自家孩子在小区电梯内遭保姆殴打。接警后，民警迅速赶到现场，控制了涉案保姆李某（女，42 岁），并调取相关监控信息。经初步调查，案件嫌疑人李某故意殴打他人证据确凿,警方已对其予以行政拘留。目前,案件还在进一步办理中。联想到之前杭州保姆纵火案,结局更让人痛彻心扉。

二宝爸一直在思考:在这个良莠不齐的劳务市场上,怎么样才能找到一个称心又靠谱的好保姆呢?

我相信很多妈妈在这方面都有自己的经验之谈:譬如,把关保姆资质、面谈核心问题、察言观色揣度……

二宝爸家因为各种原因,换过几次保姆,这方面运气还不错,每次都找到了很满意的人选。尤其是现在的阿姨,已经在我们家六年多了。我想就自己几次找保姆的经历,浅谈分享一下自己的小小心得。

口碑传播

目前,找保姆有以下几种途径:农村的亲戚进城帮忙;亲朋好友推荐;保姆相互推荐;家政公司推荐;劳务市场自由寻找等。

于我而言,在同样都具备相关资质的前提下,我更倾向于身边熟人的推荐。用现在流行的互联网词汇来说,我相信"口碑传播"。熟人介绍的好处在于:其一,是对保姆相对知根知底;其二,因为评价来自第三方,会比自卖自夸式的主动推荐更客观,更让人信服。这就好比我们直男追女生时,再怎么献殷勤,都不如女主角身旁闺蜜的一句褒赞之词管用。选保姆,也是这个理。所以,二宝爸前后陆续用过几个月嫂和阿姨(都是因为其家庭原因无奈离开,否则我是绝对挽留到底不想换的),几乎都来自熟人的推荐,也让我感到相对踏实放心。

而我女儿当时的月嫂,真心用得好,遂介绍给我媒体圈的朋友,人人都满意到不行。后来这名好月嫂在上海媒体圈转了个遍,还接了好几个主持人的订单,最后还作为金牌月嫂上了魔都一档电视节目。(也

间接证明了二宝爸眼光不错，身边好多人都感谢我。）

当然，二宝爸要强调一点：不管来自正规家政公司，抑或熟人推荐，我们还是要将保姆的来历搞清楚，验明身份证或相关证明（健康证等），有条件的话最好留有复印件。害人之心不可有，防人之心不可无。

人品 > 业务

在面谈保姆时，有经验的家长，会察言观色，留心很多细节，譬如，保姆是否三句不离工资，是否眼神闪烁游移，是否指甲藏污纳垢，是否项链配饰一大堆，等等。这方面，我一个大老粗的直男就不班门弄斧了。我想说一个自己的观点：我最关注的一个细节，在于保姆是否真诚、坦率、诚实。

我家现在的保姆，是在熟人资源断档的非常时期，不得不单枪匹马跑去家政公司自己找的。我在几个排排坐的阿姨当中，试探性地问了一个比较有难度的问题，而这款母婴黑科技新品，知道和了解的人应该寥寥无几。但是，几乎每个面谈者，都会摆出一副"假装很懂"的架势，侃侃而谈如何操作，以及过往的经验。唯有一个保姆，面颊绯红，低头喃喃嘀咕道：这东西我不懂，没听说过，以前的东家也没用过，希望你能教我，我愿意去学……最后，这个红着脸的阿姨，踏进了我的家门。一做就是六年多。我儿子见她，比见我还亲，让我好生吃醋。

在二宝爸的权重里：务实坦诚 + 人品端正 > 业务能力 + 口才谈吐。前者是一个人的本质，后天改造无力回天；后者是一个人的技能，可以培养日臻纯熟。我宁愿要一个在带娃时左支右绌的老实本分人，也不要一个手脚麻利却小算盘多多的聪明人。当然，如果又能干又老实，那是我家孩子的福分。

前任理论

找男女朋友时，有一个"前任理论"，即看看他／她是如何对待和评论前任的，大体可了解一个人的性格脾性人品等。也就是常说的"分手见人品"。保姆和东家的"合约解除"，当然谈不上"分手"那般轰轰烈烈，但一个保姆和前一任东家的关系融洽与否，对"前任"的言论评判，也可以"细微处见真章"地对这位保姆的品性，略知大概。

我家现在的阿姨，让我好感度大增的一个因素，就是她说起自己在上一家待了整整七年，看着孩子上了小学才无奈离开。因为彼此相处久了有感情，她周末还经常会买礼物回去看孩子。一个发自内心喜欢东家孩子的保姆，大抵上不会是个坏人。（PS：能在一个东家连续做了很多年没挪地方，也比一个打一枪换一个地方的保姆，更让人信任。）

说起前任时，以下类型的保姆，领入家门，一定要慎之又慎——

说起前东家语焉不详的（很可能离开时，有一些讲不清道不明的原因）；言辞犀利"诋毁"前任的（就算东家不地道，大家好聚好散，不谈也罢）；唾沫横飞八卦一箩筐的（你会是下个故事新主角，我就问你怕不怕？）。

二宝爸很幸运，遇到的几个保姆，我们之间不单单是简单业务关系，更有一份特殊感情。曾经的月嫂，曾经的一个上海本地阿姨，几乎每年都会上门来看我的女儿，还送很多礼物给她——虽然，彼时还在抄尿片的懵懂女儿，现在完全不记得／不认得这些阿姨了。但那一刻，我们做父母的，真的很感动。

多双"眼睛"

很惭愧地说个事。

　　我本不是那种爱偷偷摸摸监控偷听之辈，但因为常年夜班白天起床较晚的缘故，经常会歪打正着在早上九十点起床时，无意间听到客厅里阿姨和孩子的互动声。那是"无人监控"的、最真实的状态。我竖起耳朵认真听了很久，惊奇地发现：我家阿姨陪玩的耐心，居然比我们父母有过之而无不及。那一刻，有种捡到宝的感觉。

　　作为一个全职爸爸，我白天带娃四处游逛，在小区、在公园、在游乐场见到了太多参差不齐的保姆们。有的耐心陪伴，亦步亦趋跟着和自己毫无血缘关系的孩子，尽心尽责；有的压根不管，扎堆说笑谈天，唯一的话题，便是打听彼此的工资……

　　二宝爸给你们一个建议，在这种最凸显保姆本性的、"无人监管"的真实环境下，我们不妨适当地、节制地安放一双"眼睛"——比如，间接询问一下游乐场的工作人员；比如，如果小区里有全职妈妈，请她帮忙留意一下自己家里的保姆，等等。

　　再悄悄给你们支个招，可能有点剑走偏锋。现在网上有很多 AI 智能的小白机器人，一般都自带摄像头，你可以把它放在一个"俯瞰"整个客厅／卧室的位置，在单位就可以远程遥控打开……好了，不能说得太细了……

避谈金钱

　　除了不可避免的涨工资话题外，二宝爸的建议是，与保姆和睦相处的前提下，维持好彼此的边界，尤其是尽量避谈涉及金钱的话题。之前携程和红黄蓝幼儿园相继爆出虐童事件后，有网友的留言让我印象深刻：幼儿园工资不高，很多老师看到孩子身上一件衣服的价格，等于自己一个月工资，就算手上不扎针，心里也像针在扎……

　　你觉得自己只是随口抱怨几句，最近孩子报了个班又花了多少钱，全家海外旅游又花了多少钱——说者无意，谁能保证听者无心呢？我想说，在家里入住了一位跟你经济水平、社会地位差别很大的新的成员时，无论你多壕，尽量也不要让人觉得"你的钱像大风刮来的一样"，这很容易引起心态的失衡。最好能让人觉得，你的钱也是辛苦赚来的。这样于人于己，都更好过一点，不是吗？在金钱面前，人性是经不起考验的，你我概不例外。

界限意识

平日里，若和保姆相处融洽，平日帮个忙，送点小礼物，逢年过节封个小红包都没问题，但彼此一定要有界限意识，红线不能越。保持界限的意思是，这就是雇主和保姆的关系，而不要当亲人对待。如果当亲人对待，对方就容易想：我们应该共享。

当然，我也不是说雇主要摆出高冷姿态。相处多年，感情深如一家人的雇主保姆关系也有的是，感情到了，遇到难事伸出援手无可厚非。但，最重要的是看感情、时机和原因。前一阵的杭州保姆纵火案，让我很痛心。但痛定思痛，我想说，那个保姆刚来家不到一年，以买房这种理由动辄张口借十万，非常没分寸感，有越界之嫌，本应引发主人的警惕之心。

彼此尊重

说回到文章开头的泄愤保姆。她的恶行不容辩驳，我也无意辩护，但我也确实见过很多主人，对阿姨保姆颐指气使、高高在上，俨然一副主仆关系。其实，我更愿意把和保姆的关系，定位于建立在"雇佣体系"之上的育儿战友。换个书面点的说法，就是建立在工作关系基础上的情感融入。

那些对着保姆牛气冲天的主人，我觉得他们心挺大的——自己的孩子都没耐心对待，你如何保证一个心怀委屈的外人，对着你家孩子温柔以待？就不怕有一天直接撒气到你孩子身上？

平心而论，我在外面看到的绝大部分育儿保姆，还是不错的。有瑕疵，有缺点，有出身视野认知程度等先天的局限，但对孩子依然算是尽心尽力，也对得起东家付出的那份不菲工资。所以，我们更需要的，是将心比心，多多理解和宽容这群不得已离开自己孩子和丈夫，一个人跑到异乡打拼的女性群体。

尊重，是相互的。尊重保姆们的劳动付出，你才会得到相应的回馈。讲真，二宝爸对家里每一任阿姨，都是发自肺腑的尊重，也会在力所能及范围内帮助她们：每年费尽心思找黄牛买春运车票；带阿姨的孩子暑假里逛遍上海、看最热门的足球赛；每年春节和小长假前，早上5点半起床开车送阿姨去长途车站；请阿姨坐人生头一回的飞机（可惜因为阿姨老家离机场太远，遗憾未能成行）……

而每次过完春节，我家几任阿姨，都会回应以这样一幅似曾相识的画面，让人心生温暖：扛着家乡的一大箩筐鸡鸭鱼肉蛋，风尘仆仆千里迢迢带到我家，"这是我自家养的，自家种的，很健康，很好吃……"这，正是我心目中雇主和保姆之间，最理想的良性互动和格局定位。

人和人之间讲眼缘，讲缘分，讲气场相投。寻找一个满意的好保姆同样也需要好运气。如果遇到了，一定要好好珍惜。人是感情动物，也许未必能像亲人那样亲密无间；又也许，还真的会遇到"桃姐式保姆"。总之，祝大家都知道称心如意的好保姆。亦祝，你们的孩子能健康快乐成长！

当了爸爸后，我就是那么怂

　　暑假里，我总会带着娃四处开发新据点，两个小家伙不是在游乐场玩，就是在去往游乐场的路上。

　　有一回开车去某公园，在一条单向小路上，迎面气势汹汹来了辆SUV。我摇下车窗，示意对方倒车，毕竟他属逆向行驶。SUV车窗里，是个戴着金链子一脸横肉的哥们。横肉男开口就非善类："凭什么我倒回去啊？你车小你丫怎么不倒啊？"我吃软不吃硬，倔脾气就上来了："这车道是单向的，你逆行了，怎么不是你倒？你懂不懂规矩？"横肉男心知理亏，嗓门反倒更响："你想死是不是？嘴巴干净点！你倒还是不倒？"

　　几年前，我正奔三，开起车来风风火火，疾恶如仇的脾性外加时不时突发的路怒症，没少捅过娄子。尤其见不得路上那些无视交通法规，车品、人品皆如渣的烂人，轻则死死顶住绝不给你插队，重则直接把人堵在停车场，下车戳着鼻子一顿怒骂。心情不顺时，更是仗着体重直接拽着烂人衣领推到墙角，嘴里咬牙切齿骂骂咧咧：你会不会开车啊？

　　回到眼前，看着眼前飞扬跋扈横肉男，我右手恶狠狠捏着手刹，咯吱作响，心念之：你这种货色，在球场上我放倒你最多三秒钟。但回头看了眼身后一双儿女，两个小家伙懵懂眼神望着我，恍若在说，爸爸你

超级奶爸育儿手记

怎么不开车了？于是，对着横肉男摇了摇头，我笑了。切倒挡，倒车，腾出一条路，摊手做"请君自便"状，我目送着 SUV 油门一轰，绝尘而去。如你们所见，我变怂了。

以前那个好管闲事什么都看不惯的热血愤青，成了"多一事不如少一事"的庸常中年男。回头想来，为人父的这几年来，怂得不止一星半点。那个在公交车上看到小偷会忍不住抓他衣角大声喊抓小偷的热血少年，现在只会悄悄地用沪语提醒说"阿姐，当心侬旁边额贼骨头"；那个踢球时集齐各类伤病连断腿都不皱一下眉的铁血少年，现在踢球但求娱乐拒绝参加任何比赛，只因害怕受伤连累家庭；我现在甚至"怂"到根本不敢看任何关于孩童意外受伤的新闻报道，连读标题的勇气都没了——我根本无法阻止把自己代入到新闻里。如果想到那些新闻发生在自己身上，我感觉都没法活下去了啊。

在为人父前，我只猜到自己会变得更勤劳，把尿、泡奶一手抓。又哪曾想到，整个人的性格脾性，都发生了如此颠覆性的改变。我曾在一段旧文里，给女儿写过这样一段话——每次你坐爸爸的车，我第一件事总是把并不情愿的你牢牢塞进安全座椅；你每一次飞奔撒欢，爸爸总在后面如影随形好似贴身保镖。别怪爸爸扭捏放不开，因为我真的害怕哪怕一丁点伤害不期而至。爸爸自己也是，曾经那个天不怕混不吝的热血青年，在三十岁迎来你后开始变得谦恭温良，开车不再路怒狂躁，踢球注意保护自己。无他，只想、就想、无比想好好活下去，能亲眼看到你和弟弟灿烂到耀眼的未来。

不止一个妈妈跟我说：二宝爸，你这段话实在太细腻了，简直戳心戳肺，字字都写到了心坎里。无他，唯肺腑言尔。这种深入肌理的感悟，只有当了爹妈才懂。我变怂了，但我亦曾叩问过自己内心，答案明白又清晰：退让可以，原则底线永不改变，更不会做任何妥协——不论何时何地，尽我最大的能量保护好家人，不畏任何人，不惧任何事。

　　只是，为人父后，身上的担子比以前更重，责任更大，我已经过了那个仅靠一腔热血就能和这个世界大干一场的年纪了。前路荆棘遍布，策略用变通，甚至用更圆滑更世故地来周旋，不失为一种更稳妥安全的人生哲学。有的时候，敢于直面自己的改变，这又何尝不是一种姿态和勇敢呢？

思念孩子是一种病，
可我宁愿终身不愈

今年暑假，我每一个白天都和家里这一双姐弟朝夕相处。我还是那个恨不能一肩双挑两娃的热血奶爸，可两个娃的战斗力早已鸟枪换炮升级为熊孩子 2.0 版。去年能用背带把儿子"装"在身上再手牵女儿风光无限逛大街的画面，一去不复返了。儿子满街乱窜，女儿吼声嘹亮，纵然我有心带娃出门浪，却已无能力一次驾驭俩了。

于是心不甘情不愿的结果是，白天但凡出门亲子游乐，我只能壮士断腕般留一个娃在家交给阿姨，遂拖着另一个幸运儿以迅雷不及掩耳之势撒腿"溜"出家门。

大门猛然关，砰声震心颤；屋内啼哭起，心痛与谁谈。这个留在家里哭嚎的可怜娃，十之七八是儿子。这样的画面，不忍想，不愿说，却几乎天天发生。

每每我下午四五点出门上班时，和女儿（女儿上幼儿园后是儿子）的道别之痛，每天周而复始，如同在我伤口反复撒盐。分离焦虑症在孩子身上有，我亦未能幸免。说生离死别太夸张，但和"执手相看泪眼，竟无语凝噎"也差不多了。有一次，我悄然开门准备上班，刚好被午睡醒来的儿子看见，小家伙以为我要带他出门玩，尚不能走路的他竟用嘴叼着一双鞋，兴奋地朝我爬了过来，前行如飞，一脸灿烂。

150

　　我永远记得从笑容化作失望沮丧悲切的脸；我永远记得那天我一步三回头的不忍离去；我永远记得门板背后撕心裂肺的嚎啕哭声。

　　我几乎每一次出门上班前都会在自怨自艾中纠结：哎，真不想上班了，每天都能在家陪伴孩子，那该有多好。总以为好男儿志在四方，总以为大丈夫何须沉溺儿女情长，可我怎么就偏偏愁肠百结，如此离不开孩子？

　　事实上，我很早就开始了独立生活。初三时，我报考了一所住宿制高中，比同龄人更早地开始了住校的生活。在那个年龄，特别想证明自己离开家庭的保护伞后，还有多大能耐。用一句歌词做概括便是：我要飞得更高，狂风一样舞蹈，挣脱怀抱。彼时，我的妈妈特别牵挂那个早早离家在外乳臭未干却又心比天高的家伙，差不多每天都要给我打好几通电话。当时整个宿舍区只有门卫室一台电话，靠大爷的大嗓门来人肉接线，"106 寝室，×××，你妈妈又来电话了！"

　　大爷的这个句式，绝对是整个宿舍区频次最高的。到后来，大家都懒得竖起耳朵听是不是自己的电话，因为基本上都被我的妈妈包揽了。我竟然有些气急败坏，在电话里冲着妈妈吼了起来：你怎么一天到晚打我电话，别的同学几天都没一个电话，以后没什么事，一个星期打一次就够了吧？电话那头愣了一下，声音平静中有些失望：妈妈想你了，我只是想知道你每天过得怎么样。

　　我不是每个周末都回家吗？你们周末就可以看到我了，不是吗？

　　妈妈看不到你的时候，还是会想你，想和你聊聊生活和学习。

　　那么想我？

　　等你自己当了爸爸，你就能体会了。

　　最后那句话，我的妈妈跟我说了不止一次。我的反应就两种：呵呵一笑，嗤之以鼻。拜托，我是个男人哎，哪跟你们女人一样扭扭捏捏

的。怎么可能？但是，现在看来，我把妈妈的这个基因，变本加厉地遗传了下来，"恋娃"指数——直接增长了一个数量级！

你们若觉得，我妈妈每天几通电话轰炸的行为有些夸张，其实和我相比只是小巫见大巫。我说几个小细节，怕是会让你们瞠目结舌。

女儿出生后的前 21 个月，我一天都没离开过她。部门旅游，工作出差，全部放弃。单位团队建设在外地，当晚星夜飞车，硬是在女儿洗澡睡觉前赶到了家，为她送上了睡前故事和奶爸一吻。第二天清晨五点，起床，继续飞车，顺利赶上了早晨的团队建设。

女儿第 22 个月时，部门旅游去呼伦贝尔大草原，在经历了艰苦的思想斗争后，昧着良心做了甩手掌柜，把孩子扔给了四位老人，遂和领导潇洒地去了内蒙古。那是我至今都深深自责的一次旅行。

到了内蒙古的第二天，我就后悔了。那是我第一次超过 24 小时没见到女儿。而遥想到这样的情形还要持续 5x24 小时，真的是肠子都悔青了。眼前浩茫的大草原对我完全没有吸引力，我满脑子都是留在千里之外的女儿。我每天捧在手心的不是相机，而是装着女儿照片和视频的 iPad，翻来覆去地看，不下几十遍，完全抑制不住的思念，就差流眼泪了。

我嘴里如祥林嫂般反复嘟囔：我真的不应该出来的，我不应该出来的，不应该的。我用了自责这个词，是想到后来儿子出生后，我和二宝妈因为有了更多育儿经验和胆魄，三个多月就带着儿子到处飞——如果当年有这种能力，我是百分之一万会把女儿带在身边，跟我们一起领略大草原风光。

不夸张地讲，我陪伴和见证了女儿一天天长大的点点滴滴，也正是如此，她进入幼儿园的第一天，我近乎"崩溃"。整整三年多，从没遇到过这样的白天，我一个人无处可去、无人可陪、无事可做，整个人如掏

152

空般浑浑噩噩。无数次拿起手机想拨给幼儿园老师，找个借口问问女儿过得可好，却又无从下口。我甚至还写了首表达"相思之苦"的藏头诗——酸劲和思念，一样多。

蒋生三句虚长岁，

赏女尚知心未退。

入怀解作温润玉，

园中雀跃观人醉。

我闻恍若芒刺背，

心怯空房不忍回。

失魂蹉跎何所道，

落日静候朱颜归。

二宝爸曾写过一篇"当了爹就变怂了"的文章，有这样一句话，得到了很多人的肯定和感同身受：有些深入肌理的感悟，只有当了父母才懂。

对孩子的思念和牵挂，也唯有自己为人父母后，才能感受到这股体内汹涌澎湃的力量有多强大，强大到可以让一个吊儿郎当或玩世不恭的人，脱胎换骨般变成下班就往家赶的暖心爹妈。别说想念，就算孩子在身边，这种不知不觉的牵挂，都让我们改变巨大。

以前爱旅游，就想着走遍大千世界各个角落。有了孩子后，钻研的是飞行时间长不长，有没有适合孩子玩的沙滩，酒店的游乐设施齐不齐……

以前爱美食，从米其林一路吃到黑暗料理。有了孩子后，钻研的是菜的口味重不重，适不适合孩子，餐厅有没有小孩子玩的地方，儿童餐椅多不多……

说起吃喝玩乐，第一反应早就不是自己，条件反射般闪过脑海的，

都是为娃设置的参数和选项。周末和假期尤甚，我就是行走的亲子乐园活地图。孩子快乐，所以我快乐。就是那么不假思索。6 月份时，如你们所知，二宝爸有幸去了欧洲看球。可是，家人不在我身边，我怎么都快乐不起来。一幅美景、一道美食、一件美衣、一个美娃，都会让我触景生情，产生强烈的代入感。

要是儿子和女儿陪我一起在苏黎世湖上泛舟，拍出来的照片一定又萌又美；冰淇淋真心好吃，女儿肯定会喜欢这个香草和芝士混合的口味；这款阿尔法罗密欧车国内几乎看不到，儿子保证会扑上去摸几下呢；这件 desigual 冰雪奇缘限量款连衣裙美哭了啊，女儿，真想让你直接在这里试穿，我赶紧拍照 po 到朋友圈……

想象越多，惆怅越深。

深深孤独感，尽在此图中。

一个人在欧洲晃荡了十来天，遇见大大小小的萌娃，有金发碧眼的小球迷，有同学家盛世美颜的混血娃，也拍了不少和萌娃的合影。可我

一张都没晒，甚至连重新浏览一遍的勇气都没有。我会不可遏止地去想，要是我搂着的，是自己的孩子，那该有多幸福。

作为不晒图会死星人，我收获点赞最多的，不是那些永远四十五度角仰望星空的面瘫自拍照，而是一段对家人和孩子的相思之苦。

今天，之所以会突然想起写这样一篇又酸又肉麻的文章，是因为前几天在网上看到一句话，如电流般击中了我。对孩子无法抑制的疯狂想念，是一种没有解药的病，它始于分别后的 0.00001 秒，终于你见到他完好地站在你面前，笑靥如花地与你拥抱。

我想再补充一句——如果思念是种病，我宁愿终身不愈。

孩子，就算全世界对你嘲笑，我会给你怀抱

　　二宝爸正带儿子在日本玩，路上一不小心在几个群都刷到了那条视频，心头一沉，直到现在还觉得心里堵得慌，很难受。

　　一辆白色轿车打着双闪灯停在大桥中间。一名母亲崩溃地跪在马路边，绝望地用拳头捶打着地面。一只运动鞋掉落在她的身边。5 秒钟之前，她的孩子从桥上纵身跃下。她拼命阻拦，却只抓到一只鞋子。

　　我不想也不愿用"跳桥少年"放在标题里，因为心里很痛。做父母的，根本见不得这样的惨剧，想想就肝肠寸断。但我还是在哄睡完儿子后爬了起来，敲打着键盘，想写点自己的心里话。

　　教育心理学的大道理我不懂，但混迹在一群老父亲群里，我们对这个唏嘘沉重的话题，聊了许久。我觉得我们这些爸爸的视角和观点，虽是粗线条，却值得参考。话糙理不糙。

　　我对一位老父亲铿锵有力的六个字总结，不能认同更多——好死不如赖活。

　　也许，给孩子灌输这般理念，有些简单粗暴——但不管如何，我们只想让孩子知道，这个世界是如此美好，不要有轻生念头。你还有那么爱你的爹妈，有问题了，来找我们。只要不做伤天害理之事，老爸一切都替你扛。我们一起好好活着，不好吗？

　　你们知道的，二宝爸算是个情感比很多妈妈还细腻的人。撇开老父亲的视角，如果站在妈妈们的角度，我想说，如何用春风细雨润物无声的方式和孩子对话，真的是我们一生要学的课题。我总觉得，我们父母容易在和孩子沟通时，不知不觉犯下两种类型的错误，包括我自己也概莫能外：

第一种：自以为权威，为孩子指点人生

　　很多父母，会用那些固执的自我的方式，去爱孩子。当孩子有一丁点行为或者话语，不符合他们的教育方式 / 规划的既定路线时，轻则苦口婆心教育谈话，重则拳打脚踢。可问题是，这大千世界，有无数种活法和可能，我们父母也不过走过三两种路线，又如何能居高临下给孩子做人生导师？

第二种：把坏情绪，留给最亲密的人

　　这也是我常说的，因为不会说话或不注意说话方式，犯了最得不偿失的错误：把坏脾气留给身旁最亲密的人，反而对外人客客气气。这里就不展开说了，我曾写过三篇旧文：

　　《致我的带娃战友：既然豆腐心，何必刀子嘴》

　　《蹲下和孩子说话不难，如何把我们父母高高在上的内心一并放下？》

超级奶爸育儿手记

《你尊老爱幼，你疼爱老婆／老公，但你真的不会说话哎》

和亲人尤其是孩子沟通，真的是一门说话的艺术。因为表达方式的合理性欠奉，而抹杀了你发自肺腑的爱，这样的损失，不光是遗憾，甚至可能抱憾终身。跳桥少年斯人已逝，最撕心裂肺的，是他的母亲。再去讨论孰是孰非，教育是否得当，未免太残忍。

二宝爸只想再补充一句，也许会让我们都能发自内心地自我警醒：作为父母，如果你不确定是谁对谁错时，那就先不要去忙着指责你的孩子。这不是一种袒护，更不是一种溺爱，而是一种智慧。

我曾在感恩节写过一篇文章，表达了自己对于妈妈的谢意。彼时大三，因为专业课难度扶摇直上，加上自己不够努力，出现了人生前所未有的挂科。心如死灰的我，不敢回家，甚至动了一了百了逃避人生的念头。

我妈妈旁敲侧击从别处了解到情况后，到学校掘地三尺，找到了俨然行尸走肉的我。她什么也没说，只是紧紧抱住我，在我耳边柔声细语地说道："儿子，不管你的成绩如何，你在我和爸爸眼里都是最棒的。只要自己努力了，我们永远不会怪你。下一次考试，会比这次更好的。"我泪如雨下，身体松弛瘫软了下来。我知道，自己又活了过来，而且会活得更好。

二宝爸在辞职回家带娃前，曾是上海某日报头版编辑。在我职业生涯里，最让我刻骨铭心的痛苦回忆，是我曾在短短时间内，连续编辑了两条中学少年跳楼轻生的新闻。更让人不忍卒读的是，两起事件都发生在虹口同一所中学，原因都是因为家庭学业和父母施压下，孩子的心理健康出现了问题。

我们媒体人辛酸地称之为"××中学二连跳"。而我也是从那时起，开始深入地了解到当下的现状：

现在的孩子，相比成年人，他们更敏感、脆弱，抗压能力弱。这个阶段的孩子，已经要开始慢慢学会承受来自学业、社会、家庭以及人际关系等多重的压力。

有人这样形容处在青春期的孩子——"他们经历着从毛毛虫到蝴蝶的蜕变。这个过程充满潜力，又很脆弱"。所以，一旦压力超过了阈值，他们容易情绪化、走极端。

全国卫生统计资料表明，自杀是5—24岁人群主要死因，占自杀总人群的19%。"一言不合，就死给你看。"这句话，真不是开玩笑。

关于自杀，从心理学家"自尊的恐惧管理理论"的角度，更容易理解我们的孩子，为什么会如此冲动地走向极端：人的自尊，可以用来对抗面对死亡的焦虑和恐惧。自尊水平的降低，会抵消对死亡的恐惧。简而言之：一个人的自尊被摧毁后，他／她极容易产生自杀的念头。

而孩子的自尊，因为年龄的关系，更容易构建于感性的基础上——往往家人朋友同学老师的一句话，就会起到了"决定性"的作用。当孩子们视为生命真谛的"价值感"，遇到一次意外的无情打击时，就很容易促发冲动性的自杀行为。血淋淋的案例，网上太多太多，我不忍心再列举了。

所以，对于我们父母来说，目标只有一个：努力成为孩子倾诉情感的"同道者"，而不是那个打击孩子自我价值感的"破坏者"。不管是人际关系上的痛苦（被老师冷暴力，被同学霸凌等），还是学业上的重压，抑或青春期情感上的纷扰，我希望我的孩子始终把我当作第一个倾诉的对象，值得信任，永远温情。

"就算全世界都抛弃了我，我的爸爸妈妈不会。因为我们是一家人啊。"

最后，二宝爸贴一点干货。

美国的中学会为家长准备预防青少年自杀的简明手册。

当有以下信号时，家长就应该提高警惕：

· 有直接（如，我想死）或间接的自杀威胁表述（如，我希望我睡着了再也不要醒来）

· 写自杀便条、计划或网上发帖

· 做最后的安排

· 专注于死亡问题

· 把值钱的东西送人

· 谈论死亡

· 突然出现的无法解释的快乐

· 进行高风险的活动

· 重度服用药物／酒精

当得知孩子有自杀倾向时，父母应该这样做：

· 保持镇静，不做任何评价，认真倾听

· 直接询问关于自杀的问题（如，你想自杀吗）

· 将注意力放在你对他们的平安的关心上

· 避免指责性的话（如，不要说："你不会做蠢事的，对吧？"）

· 跟他们保证你会帮助他们

· 提供持续的监控。不要让年轻人单独一人

· 移开自我伤害的工具，尤其是武器

· 寻求帮助！绝不要把自杀的想法当成秘密。父母应当尽快寻求学校或社区的精神健康支持。

祝福天下所有的孩子，都能健康快乐地成长。你们的笑容，是全天下最温暖心田的存在。

关键词五

超级收纳

骨灰级收纳宝典，
看完请收好你的膝盖

相信很多有娃的家庭和我一样，会关注"如何在有限空间里把收纳能力发挥到极致"，以腾出更多空间给自己娃作为游乐场所和安置玩具。

作为一枚金牛男，我对收纳改造的研究走火入魔，最爱看的节目是日本的《全能住宅改造王》、国内的《交换空间》以及前一阵很火的《梦想改造家》。为了给两个孩子重新乾坤挪移出更多空间，二宝爸挖空心思把整个家做了一番大改造。下面就各个环节逐个展开。

衣服收纳

装修前我就清楚地知道，我们家最多的不是钞票，更不是书籍，而是多到令人发指的衣服。光是我自己的短袖 T 恤就多达八百多件，想想都罪孽深重。曾在淘宝一口气买了一千只衣架，店家战战兢兢地问我：亲，你是开服装店的吧？

说重点。衣服怎么挂、衣橱怎么分配最合理，不管是在网上搜还是去宜家逛，都会很有收获，但对于我这种衣服比专卖店还多的人来说，我需要的是把衣橱空间榨干！曾尝试过两种比较流行的衣架模式：旋转式和抽拉式。衣橱容量可以扩容到 1.5—2 倍（衣服不多的可以采用这些模式），但对我而言仍是杯水车薪。

之后试过在柜子里放若干储物箱，把衣服分门别类放在箱内，但这样一来拿起来比较麻烦，其次考虑到箱子自身厚度，还是没能把空间利用到极致。最后，用了榨取空间简单粗暴却又视觉整齐有序的"优衣库模式"。

把短袖 T 恤全部叠好后堆积起来，便呈现了如右的效果。

有人会问，这样还怎么找衣服拿衣服？莫担心，一则是夏装轻便，即使拿最下面的衣服，抬起上面的衣服也没多少分量；其次每件衣服都是我的心头好，它们所处的位置在我心里有张活地图，可以直接 GPS 定位锁定我今天想穿的那件（这算不算一种天赋？），根本无须费力寻找。我的个案可能太特殊，没有参考价值（还有哪家脑残的男主人会买堆积如山的衣服？），但有几个小细节值得分享。

首先，不建议买那种开口向上的盒子收纳衣服。这种盒子

163

没法叠放，否则每次取下面几个箱子里的衣服时，都需要把上面的箱子搬走；即使拉链在前侧，你拿箱子里最下面那件试试？而换成抽屉式的收纳箱，则尽可以堆积起来，N 个都没关系，每一个都可以独立放取，相当于一个自由组合的 N 斗柜。

　　其次，衣橱里如果有比较大的空格（不是抽屉），直接堆放衣服会导致最下面几件永不见天日，但是放包包又塞不进几个，这种鸡肋空间如何应用？建议量好长、深、高三个关键尺寸，在无所不能的淘宝上总能找到吻合这个空间的抽屉式收纳箱（记住，要抽屉往前开的！）。用 2—3 个收纳箱组合，等于凭空生成了若干个抽屉，收纳及找东西就方便很多了。

　　肯定会有审美标准比较高的妈妈会说，这种塑料收纳箱放外面太丑了。没关系，也有功能类似但颜值高很多的替代品，绝对可以满足你日系风或是 zakka 范的要求，淘宝上搜"收纳箱 + 实木"即可。

　　孩子他妈的衣柜也依样画葫芦，就不做赘述了。（因为衣服多，我们把厨房挪到了北阳台，把原来的厨房改造成了领导的超大衣柜。我们一家子都很拼。）

　　有这样一个剁手族爸爸，两个娃的衣服也是多到逆天。大女儿的连衣裙已经多达三位数，小儿子因为年龄尚小，目前败家爸爸还有所收敛，但目测以后行头大有赶超姐姐的趋势。

　　娃的衣服怎么办？好在，未

雨绸缪的我，剑走偏锋没有把娃的房间打造成常规的儿童房，而是把整个房间都改成了日式的榻榻米。榻榻米的优点是不用担心孩子睡觉会从床上摔下来，而平日里还能摇身一变为招待客人的棋牌室和学习区。

虽然整体打造价格不菲，但胜在健康环保，最重要的是，整个房间的席面下皆是收纳区，换而言之，整个房间地板下都可以藏东西（生完头胎后，我把电风扇、婴儿车、安全座椅、穿不下的衣服等使用频度较低的大号东西都藏在了下面），在寸土寸金的地方，能"挣到"那么多"无中生有"的空间出来，其实是对得起这笔开支的。这样一来，一整面墙三大扇门的超级柜子，足以容纳孩子们的衣服了，虽然也已近乎满溢状态……

这里二宝爸再奉上一个小小心得：因为娃的衣服尺寸都不大，挂着的话下面还有一段不小的空间可以开发利用。我也买了合适尺寸的抽拉式储物箱（还是抽拉！），里面又多了不少的空间放衣服。

因为娃的衣服叠起来后很小，建议不要自下而上叠放，而是从里到外竖着一件件排列，这样抽屉拉到底，每一件衣服都各自独立一目了然。

举一反三，领导的梳妆台上也腾出一个角落，叠放储物盒"向天空发展"，在几乎不占据多少空间的前提下，给她的一箩筐化妆品护肤品分门别类安了家。

鞋子收纳

衣服多到匪夷所思，鞋子自然也不会含糊，你们懂的。家门口顶天立地能容纳40双鞋的超大鞋柜居然还没能满足我们，怎么办？

于是，阳台上一个角落成了可利用的空间。我没有让木工定做固定死的柜子，而是买了两个尺寸刚好的鞋柜，叠起来摆放（很沉很稳，没有安全隐患）。但有个瑕疵是，百叶门成了双刃剑：透气性好，却容易让鞋子积灰。

好在小朋友们的鞋体积都不大，鞋柜上再放几个收纳箱，尺码不合的就放在收纳箱里。

计划总没变化快。都那么多收纳空间了，二宝爸的鞋子还是一直处于饱和状态，于是乎又败了一个小家伙——分层鞋托——直接可以让鞋柜容量大一倍。

你若是外貌协会，那这款小清新路线的实木创意鞋架可能会是你的菜，即便放在客厅也不算太违和……

配件收纳

除了衣服外，家里一般还有大量的配件：比如包包、帽子、围巾、领带、墨镜、手表等。宜家的挂袋就不用详细介绍了，相信已经成了很多人家里衣橱的标配：塞包包、帽子、围脖等都可以，看你自由安排了。

挂袋功能很强大，但只适合放在衣柜内。有些人包包多到爆棚，只能在衣柜外继续发展，此时门后或者墙上的包包收纳挂袋也是好选择。当然，外观上肯定有所"打折"——功能和美貌不可兼得。

零零碎碎的饰品其实最不好打理。这里二宝爸特推荐一款供辣妈们使用的饰品收纳神器——啥也不说了，看图吧，这款多功能的落地镜，不管多少耳环、项链、戒指，甚至是我的墨镜、手表、领带，都有地方可去！

当初我"败"的时候，网上搜到的款式很少，只有白色和原木色，现在搜了一下居然还有粉色，绝对是粉红控辣妈的福音！具体店家我就不推荐了，总之将"落地镜　穿衣镜　收纳"等关键字眼多多排列组合，"找相似""找同款"等技巧用起来，货比三家多看评论，祝你们顺利找到心仪神器！

如果没有那么多首饰，或者没有地方放占地面积不菲的落地款收纳镜，那就在桌上腾个地方也一样。搜索"首饰＋实

木＋收纳"，产地是青岛的，大多都是出口日本的原单，东西品质还不错。

如果进门处刚好有我这样一面可以利用的墙面，不妨也可以挂一块超大号的杂物收纳布袋，某宝搜一下，Levis、Evisu这些潮牌都有，丹宁牛仔的面料质感十足，当装饰品也毫不逊色。每个编号口袋都可以储物，我现在各种账单、发票、门卡、钥匙、墨镜甚至快递单都分门别类放置，非常方便。

儿童用品收纳

我们家没有专门的游乐室，只能"螺蛳壳里做道场"，让客厅兼职"游艺大厅"，每次玩到兴起的画面真是太美不敢看。

如果你们家走北欧风或是 MUJI 的无印良品日系原木风，那我强烈推荐一种创意搭配的电视柜模式。且看图片，有人把宜家的舒法特拼在一起，搭成了一个收纳和分类能力惊人的"新颖电视柜"。不过宜家款式不多，而淘宝上你搜索舒法特，可以看到有些店家出售的"变种加强版"，有双拼三拼模式：宜家舒法特最高

只有六层，尺寸固定为宽 44 厘米、深 31 厘米，而更多变种可以达到九层高度，宽 31 厘米、深 44 厘米，适合各类状况和房型，总有一款适合你。

色彩不同的储物盒子上还可以贴上文字或图片标签，使孩子很容易辨识出盒内的玩具。慢慢地，孩子便学会了如何分类、整理，以及培养物归原处的好习惯。

对于二宝爸这个"巨婴"而言，尝试给孩子挑选各种奶瓶和水壶，似乎也成了自己玩乐的项目。一大堆的"奶瓶玩具"放哪里？二宝爸在奶瓶消毒烘干器上做了个小隔板，再配合宜家的一些小挂钩小容器，给各色奶瓶和水壶安了家。

如果冰箱旁边还有空间，以下这款带滑轮的装置也绝对是收纳瓶瓶罐罐的神器。

其实，最终极的收纳大法就是断舍离。舍弃对物质的迷恋，让自己处于宽敞舒适、自由自在的空间。

给生活做减法，越变越简单。再不济的，只有剁手。我对自己下不了手，所以——我是没救了！就看你们的了……

收纳魔术让客厅大一倍

　　地方小，如何开拓更多收纳空间？二宝爸最拿手的绝活，便是各种脑洞大开的收纳空间大发掘，你会发现，只要办法得当，真的可以像变魔术一般，"无中生有"出很多珍贵的收纳空间。夸张点说，收纳技巧用到极致，能让客厅的收纳空间整整大出一倍。这方面，自认为没有哪个奶爸比我更厉害了吧……

关键词一：一专多能

是书柜，也是书桌

　　一样家具具备多种功能，就是间接节省空间。

　　我最得意的手笔，当数这款书柜书桌二合一神器，面对 N 个妈妈的询问，我只能遗憾地告诉大家：这是宜家的绝版，再也没有啦。其实，它论外形，相对中庸，却性能卓著。为了美观，我从淘宝特地买了英国国旗的家具贴做了 DIY，瞬间高大上了！

　　配合一张升降的电脑椅（我是宜家脑残粉，这是他家的马库斯电脑椅，很贵却坐感很好），女儿也可以在这里学习。等于在客厅安置了一个父母和孩子通用的"学习区"，连书房都可以省下来了。

　　这款书桌 + 书柜二合一的"隐形书桌"，最初的原型，是美式家居里的"琴桌"。这是绝对的小户型利器，放客厅里，摆放在角落，哪怕里

面乱糟糟一团，平时盖子盖上，干干净净，颜值很高。

是茶几，也是餐桌／书桌

追求另类一点的，可以买一个升降的多功能茶几，既可以当餐桌，也可以当升降学习桌，收纳能力也不弱，堪称小户型利器。

我看过一些家装改造类节目，因为有些小房子客厅面积不大，设计师用一个升降茶几，取代了一张大餐桌，直接把餐厅的空间都节省下来了。

是一扇门，也是一块黑板墙

现在有很多品牌的黑板漆，都用到了客厅改造中。把一整面墙刷一下，就成了孩子们涂鸦的大黑板。因为我家墙壁几乎都被利用起来，只能在门上做文章。我和女儿一起其乐融融地完成了粉刷工作。如果再涂上一层磁力漆，还能成为一块磁铁小黑板，开个家庭小课堂再好不过了。

二宝爸见过一款电视柜，让我大受启发：我直接把柜门变成了孩子们涂涂画画的大黑板，还是移门，真的让小家伙们没有抵抗力啊。

是手推车，也是流动书柜 / 梳妆柜……

拉斯克手推车一直是二宝爸心目中万能程度排前三的一大神器！我曾总结过20种以上的用法，让人震撼。

关键词二：有容乃大

让每样家具都有储物功能

不要买那些华而不实的茶几，看看人家是如何用生命做收纳的！

沙发下面也是一个极其宝贵的收纳地，能利用起来，"吞吐量"是惊人的。

我曾拍过一张这样的照片，沙发下面能把孩子的所有玩具、手持吸尘器和一个28英寸行李箱，全部都藏进去！连椅子都

可以收纳哦。

　　用这样的思路举一反三，延伸到客厅或是卧室：餐椅能设计成卡座最好，座位下面可以藏很多鞋子；餐桌可以买双层的，下面一层能放个电脑笔记本或是餐巾纸啥的，这张餐桌 + 书桌，可以保持得干干净净；甚至床下也有大量可开发的收纳空间，塞进席子、被褥或过季羽绒服有多美妙……

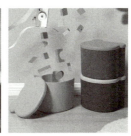

关键词三：边角收纳

那些你看不上的死角，统统都可以活起来

　　客厅墙角是很容易被遗忘的地方，如果能充分利用墙角空间，就能实现很大的收纳功效。尤其现在有很多 loft 风格的复式小户型，客厅并不大，那么，最实用的墙角收纳是楼梯墙角，利用楼梯的角落空间可以实现充分的存储。可以把楼梯下的空间，做成满满当当的收纳柜，甚至可以变出一个书房。

不要为了所谓的美观，做成挑空的楼梯——那是超大户型才有的奢侈。建议不要浪费楼梯下的每一寸空间。你看，每一层台阶都是一个抽屉，太实用了。

关键词四：向上发展

当客厅地面空间狭窄时，不如向头顶要空间吧

就跟城市建设的思路有些相似：当地面人满为患、日渐拥挤时，就往天上／我们的头顶，去要来更多的空间。最直接的一招，就是在墙上放搁板搁架。沙发背后的墙面是最好的一个选择，既不影响坐，又能多出整整一排置物空间。摆照片，摆小多肉，摆艺术品，简直是最美收纳！

如果有些小东西你不想敞着放，还可以关起来！比普通搁板更进阶一个段位的，是这样的搁板抽屉设计，真的太好用了。

蜗居所限，没有影音室，作为一枚文艺中年，我依然希望能在家欣赏大电影。于是，我这个"客厅党"，把头顶的空间全部利用上：沙发背后的墙上安装投影仪，电视柜上安装升降幕布，平时这些完全都藏匿于头顶上，到了夜晚时分，就化身为一个100英寸大屏幕的超棒

家庭影院！

　　这个并不算大的客厅在夜间化身为一家人其乐融融的观影室，甚至可以一起看球，是不是特别有情调？

　　同样，墙上除了搁板外，还可以安装吊柜，这样收纳能力又进一步提升。我在改造客厅时，就在电视柜上安装了一款吊柜，直接为我收藏的所有碟片和数码产品找到了新的"归宿"。

　　同样的道理，如果客厅面积有限，安装一个例如新风系统加中央空调的设备，等于地面上不再需要放置立式空调和空气净化器，也算是变相节省地面空间。

关键词五：折叠多变

折叠款物品，绝对是节约地方的利器

　　我曾在超市买了一套可折叠的小桌椅，放在茶几旁，作为两个娃的学习桌和临时餐桌。折叠起来，完全不占地方，随便哪个墙边一靠就行。

　　比如很多家装节目里的纸片椅，几乎就是零空间占用的折叠神器。看着没什么存在感的边桌，突然就变身了。

　　可以折叠的游戏床也不错，白天放在客厅里给女儿玩海洋球，晚上我和女儿一起收拾。整张床折叠起来也就一把长柄阳伞的大小，总能找到地方可以摆放。

　　比如爬行垫、瑜伽垫这类给客厅锦上添花的东西，也一定要找折叠性能强悍的，这样收起来也不会占太多地方。同理，卫生间的折叠浴盆、餐厅的折叠餐椅，都是节约空间的好选择。

关键词六：顶天立地

把一整面墙，变成我们的收纳空间

　　有的时候，我们未必要留白，必要时候，设计一款书柜、大柜子，"顶天立地"地占据一整面墙，也未尝不可——何况，书本就是最好的装饰品，并不难看哦。

按照常理，我们会为家找一个色调：大地色、黑白色、蓝色系或者绿色系，如果一股脑地用上所有颜色，似乎有点彪。但是，当设计师把彩虹色搬进这个顶天立地的一整面大柜子时，你是不是突然觉得：哇喔，还不错！

电视墙要简约，我们知道，可是，简约并不代表要一无所有。过于追求简约，反而会导致空荡荡的感觉。比如，电视墙下面装上超长的简约抽屉柜，既不破坏简约感，又大大增加了收纳能力——如果东西都没地方放，那你再简约也没用。

一口气写了那么多文字，找了那么多图片，把我的积累倾囊相授啦。用我特别喜欢的一段话做结尾：收纳，不失为一种有益的教育方式，从某种角度上来讲它也是建构世界观的基础。生活由物品构成，能够善待一杯一碟的人方能拥有心灵充实、精神自由的高质量人生。亲子收纳术的背后其实是孩子透过你的眼睛看世界。

这样培养孩子的收纳习惯

当家中有了孩子，客厅和过去相比，画风天壤之别，功能截然不同。而找到合理的收纳方式，培养孩子的收纳习惯，就成了一个很有意思的话题。

在没有孩子享受二人世界的时候，客厅风格走的是低调奢华路线，美观有余，收纳空间基本没有。

陆续迎来两个孩子，转眼就从高端大气上档次的低调奢华风转为了幼齿无节操的儿童乐园范，画面不忍直视。密集恐惧症者，对不起你了。

当时，为了改造成一个更适合孩子活动的客厅，我这么写道——作为一名对宜家地形了若指掌的脑残粉，跑了宜家不下七八次，看着各种样板间和家具开始脑补家中添置收纳柜的各种方案和画面效果，反复冒出新点子遂又推翻……

那一次大采购，我从宜家拖了整整 27 个大件回家。神奇的是，随着宜家师傅的从天而降及妙手一双，一整天折腾后，家里变了样，一个混搭着各种缤纷色彩的游乐之家诞生了。而所有散落在外面无处可去的杂乱玩具，全部都有了自己的归宿。

玩耍中，培养孩子的收纳习惯

大刀阔斧改造后，一个发掘出大量收纳空间的客厅，诞生了。打江山易，守江山难。如何保持客厅整洁的收纳？又该如何培养孩子的收纳习惯呢？我的办法是：用游戏的方式，寓教于乐，不知不觉，学会收纳。

游戏一：化繁为简的"上车游戏"

我想要给孩子的，是一个兼具秩序、美感与爱意的家。美感没有标准，爱意毋庸赘述。因而，秩序，即一个家的整洁有序，是相对最可操作的。

我读过这样一段话：三岁之前的婴幼儿，与外界接触有限，大多时间生活在家庭中，家于他们仿佛世界之映像。从这一意义上来讲，你如何照顾一个家，便是如何照顾孩子的心。一个有秩序的家，可以令其感到世界是有章可循的，进而对其产生安全感和信任感，也为其将来学习规则、走向外界打下基础。

在女儿三岁前，我相信大部分人会跟我一样，在客厅用过"围栏 +爬行垫"的组合。

也许有人觉得，这样就省心了，只要保证玩具不出这个围栏，就很有秩序，很整齐了。非也非也，给你们看张图。是不是又觉得头皮发麻？

你一个成年人都看不下去，那对孩子潜移默化的感染和影响，会

好吗？而且此时孩子尚小，面对眼花缭乱一地玩具，如何应付得了如此体量庞大、细节繁芜的信息？我们父母各种玩具买买买，之后走马灯似的丢给孩子，要她不断选择、处理、消化，对她来说究竟是自以为是的丰富，还是实实在在的负担？我的对策是：化繁为简，买了四个大箱子，解决困扰。

收纳箱有各种，诸如巴士、消防车、警车等造型，因为年代比较早，如今已退出历史舞台，只能拿资料图示意。这张图是女儿小时候的照片，背后就是当时买来的一整排收纳箱。

在孩子的"围栏＋爬行垫"阶段，由于游戏专区一般处于比较开阔的空间，四周没有墙体依靠，所以我觉得最适合激发孩子收纳兴趣和培养孩子收纳习惯的，便是这类安全、质轻、卫生以及设计有趣的收纳工具。

我会和女儿一起设计好游戏情节：比如，红色巴士里放置的都是女儿最钟爱的毛绒玩具，因为它们要坐车回家；救护车里安放的则是仿真类的医生用具……每次和女儿收拾一地狼藉的玩具时，她不会觉得这是一种负担，

反而会乐此不疲地想象出更多的情节，口中念念有词。

这类收纳箱空间很大，用作孩子进入收纳学习第一课时的"入门级教具"，最合适不过。粗放型工具的使用，物品分类不用很细，偶尔放错位置也无妨，做到 60 分便好。在我家，孩子只要做到主动将玩具放回收纳箱中，我觉得这已经是很棒的开始了。

这类移动收纳车也是很棒的工具，一面整理一面拖着小车，相信孩子都爱玩。总之，让娃觉得收纳是一种乐趣，一场游戏，那就对了。举一反三，在收拾一些零碎小件，原本觉得凌乱头疼，也可以用那些造型可爱，且色彩丰富的收纳筐、收纳盒和收纳袋。

如果家里有那么多漂亮笔筒分门别类，我相信孩子们不会再把笔丢得满地都是，也不会分不清水笔、蜡笔和铅笔了吧……孩子每次玩完玩具之后，按照不同类型和大小收拾在不同图案的收纳筐里（事先要先给小孩做好分类），收纳的过程，也是游戏的过程，由此锻炼到的，是孩子的逻辑思维能力和动手能力。等宝宝收拾完之后，记得一定要给 Ta 赞扬和鼓励哦！

游戏二：捉迷藏，找啊找啊找朋友

低龄宝宝，只能把玩具送回玩具柜或扔进收纳箱。至于更细致的

工作，比如把它们分门别类放到不同地方，差不多是 3 岁后的事情了。

我比较过各种玩具收纳模式，舒法特绝对是最容易分类打理且性价比很高的一款储物柜。舒法特变成电视柜，是不是脑洞大开？一个超级容量，且分类齐整的玩具柜，就这么变出来了。脑洞再大一点，放在客厅这么摆，还凭空多了一个楼梯。

看看我有多么热爱舒法特，硬是在沙发和书柜的缝隙里，塞进了一个舒法特，专门摆放女儿所有的乐高颗粒，这样完全不会弄丢。连女儿的榻榻米卧室都不放过，见缝插针放了个舒法特，浅的储物盒子放袜子和内衣裤，深的可以放春秋装，基本上，连衣柜都快省下来了。

如果孩子的衣服不多，还可以如右图这么操作……

我用舒法特做道具，和女儿做游戏的玩法，叫作"捉迷藏 + 找朋友"的合体——啊，你看，Ta 跑在外面，不知道小伙伴们都在哪里？是不是都躲猫猫藏起来了呢？我们一起找找，把 Ta 送到躲起来的小伙伴群里好吗？女儿尖叫着，要跟我比赛，看谁先把散落在外面的玩具们"送回去"。于是乎，为了配合女儿，我在色彩不同的储物盒子上，全都贴上了文字或图片标签，让她很容易辨识出盒内的玩具。慢慢地，孩子便学会了如何分类、整理，以及培养出了物归原处的好习惯。

直到现在，女儿收拾自己的衣服都不让我插手，号称只有她自己知道每一件衣服在哪个颜色的盒子里躺着……

客厅中，如何为孩子心爱的物品安家

我不是儿童教育学的专家，但我知道《蒙台梭利早期教育法》一书里的理念是，"只有在自由的环境中，孩子才能学会设法去控制和改善自己的行为"。换而言之，给孩子物品的收纳，要方便孩子的使用和操作——合理、有效和友好，是最重要的。

触手可及

按照蒙氏的说法，孩子的视线里，要放置适合儿童尺寸的家具，让他在家中得以和成人一样活动自如。我在放置两个孩子经常使用的物品时，全部统一放置在姐弟俩能够轻松够到的低处，便于他们自由取用。

除了之前提到的舒法特（站着时，每个抽屉都能轻松拿到）、放在地板上的大号收纳箱之外，二宝爸改造阳台时设计的一整面

书柜，我家两个孩子也都能轻松取阅上面任何一本绘本。身高仅仅 97 厘米的儿子都能自己拿玩具和绘本。

这样，孩子会明白，这些是他的"地盘"，供他自由使用并负责照管。迫切想要自己作主的愿望得到尊重和满足，每日愉快地穿梭于他的"领地"之间，像只筑巢的燕子，忙忙碌碌不亦乐乎。

这就是一个合理安排收纳的经典摆放模式。所有的物品都在孩子触手可及的范围，围栏和爬行垫划出的固定区域，还有收纳柜子、收纳箱、展览式的书柜等。

标签整理

这一点，前面分享用舒法特做收纳游戏时，都有介绍。玩具品类繁多，积木、机器人、毛绒玩具等分类收纳后，在储物盒侧边贴上标签，既能让孩子快速找到想要的玩具，又能潜移默化地培养孩子分类整理的习惯。

低矮的柜子，清晰的标识，这样的标签分类摆放，想弄乱也难。

高空放置

把暂时失宠的玩具放在高处的收纳盒里，过段时间再拿出来，说不定孩子又会像发现新大陆一样兴奋。譬如，我在迎来二宝时，在客厅添置了宜家的儿童区"爆款"——斯多瓦柜子。经常逛宜家的朋友，肯定对这个高大的家伙很眼熟。绝对的儿童房神器，可以用各种抽屉、柜子拼接组合，就跟搭积木似的。

我在客厅打造了一个阅读 + 游乐区。把斯多瓦做了上墙处理后（这点很重要，能避免孩子按压抽屉导致柜子倾倒），我把抽屉功能做了区分。基本上，粉色抽屉以下部分，都是孩子可以自己取放的区域，放的是常用玩具；而以上部分，孩子够不到的地方，就把不太玩的、最近失宠的玩具放入。小孩容易喜新厌旧，没准过一段时间拿出来，孩子们又屁颠屁颠玩起来了。

国外很多家庭，都喜欢把舒法特钉在墙面高处：这倒是很适合放那些不太玩的玩具。

倾斜展示

也有些妈妈觉得，最好所有的玩具柜／书柜都一目了然，否则孩子看不清，就会兴致大减。所以，放一个带点倾斜度的收纳搁架／竖着摆放书本的书架，能让摆放的东西一目了然，孩子拿取更方便，也更能激发孩子拿取的欲望。比如，下页这样的玩具柜，这样放绘本的书架／搁板。

　　我也曾在客厅摆放过这样的玩具柜，的确一目了然，女儿很喜欢。但有利有弊，这种敞口的设计比较容易积灰，需要定期将玩具 / 绘本全部取出，清理收纳架。

专区规划

　　孩子的注意力集中时间通常比较短暂，纵使很喜欢的东西，可能也会很快觉得无聊。所以，如果客厅比较大，有条件的话，可以设计不同的游戏活动区让他们保持忙碌。

我见过一些最常见的配置：阅读区、玩具娱乐区、艺术创作区，等等。

并且，不同的活动区有助于让孩子养成保持空间秩序的良好习惯，孩子将学会在哪里能找到需要的东西，应该把玩具放到哪里去。

看看上图这些超美的阅读角、画桌等，真的很让人羡慕。但是，如果没有条件，我们也可以自己创造啊。比如，拿走沙发旁的边几，换成儿童玩具收纳柜，以沙发扶手为天然分隔，形成一小块玩乐区。又或者，这种阅读与涂鸦兼顾的客厅一角。

写到这里，也许你会说，上面的办法和建议确实巧妙，也让人受益匪浅。但是，我家客厅实在空间有限，没有办法做到啊。接下来，就是二宝爸最最拿手的绝活：各种脑洞大开的收纳空间大发掘，你会发现，只要办法得当，真的可以像变魔术一般，无中生有出太多珍贵的收纳空间。

我在蜗居中
给娃开发了六个学习区

在微信号后台和群里，会有很多妈妈向我提出这样的问题：二宝爸，你这么能买，家里还有地方给孩子看书学习吗？二宝爸，我跟你一样家有两娃，实在腾不出多余房间做书房了，怎么办？

如果就房间大小和数量而论，北上广人民真的有太多"血泪史"。尤其是有了二胎的家庭，房间数量捉襟见肘，专门设置一间书房，属于极少数人的奢侈；而卧室内安放书桌，有时也难，一张床＋电视柜＋衣柜，空间便所剩无几。但是，给孩子学习的空间，给自我充电的区域——说得高大上一些——属于精神领域、上层建筑的东西，是万万不可省却的。

前一阵，一篇名为《最好的学区房，就是书房》的文章，之所以疯狂刷遍朋友圈，皆因戳中了我们这群可能暂时无力负担大房子家长的痛点——"日益增长的精神文化生活和落后的蜗居面积之间的矛盾"。

我曾表达过这样一个观点：其实，我们未必需要一个封闭式的书房；只要心中有书，哪里都可以是我的书房。当时我引用了一篇很棒的文章《为啥日本孩子很少有自己书房？》，文中有段话让我深受启发：很多日本人是把孩子书房放在厨房前面，这样妈妈可以一边做家务，一边监督孩子学习，还可以锻炼孩子的抗干扰能力。

美国孩子也喜欢围坐在厨房里写作业，因为他们可以把当天发生的新鲜事情讲给妈妈听。我最爱的美剧之一《生活大爆炸》里，那个塞得满满当当的客厅，也特别符合我心目中一个理想客厅的范本：既有沙发、茶几、电视柜的休闲活动区，几步之遥的同一客厅内，亦有一整面的书柜和桌子，可以随时从休闲模式切换到学习办公模式。

沙发背后都是好几柜子的书，随手拿一本就能坐在沙发前阅读；捧个笔记本，同样就能在客厅工作了，感觉又温馨又酷。我特别认同这样一个理论：最好的教育是建立在最好的亲子感情上的，而好的感情就是多陪伴和互动。在每天父母上班、孩子上学以后，也许没有必要再建一个单独书房把家人隔开。这也会让孩子明白：与亲人在一起是最重要、最值得珍视的事情。

没有书房，有一个好处是：屋子里随处都是可阅读的地方，到处都是书。孩子玩到哪里，信手拈来一本书，打开就可进入最美好的阅读世界。在很多日本设计师的眼中，孩子的书架应该无处不在，而无须局限在书房里看书。

受这个理念的影响，二宝爸很快从"房子太小，无法给娃提供单独书房"的沮丧中走出，努力让客厅朝着这样一幅景象发展：两娃会经过的地方，全都放上书。目之所及，全都有书。孩子可以坐在沙发上看，趴在地板上看，坐在爬行垫上看，甚至如厕时也能看……所以，没有书房、没有宽敞的学习和看书区域，我们可以自己造，全家处处都是学习区！

今天的这篇文章，就以二宝爸的小小蜗居为案例，抛砖引玉，分享我自己的做法和心得。在这个近乎塞得满满当当的家里，我用十八般武艺，愣是开发出六处可以让两个孩子看书学习的区域，是不是很神奇？

学习区域一：沙发

虽然，窝在沙发里也许会让人产生慵懒和懈怠感，但把整个人陷入绵软沙发的包裹中，台灯光芒温柔地洒在散发油墨香的书本上，这个感觉也非常令人沉醉。

身体在天堂，心灵早就飞向远方和作者对话去了。女儿最喜欢的阅读方式，就是坐在沙发上，一个人嘴里念念有词地读绘本。（一个暑假的鸡血后，小家伙终于掌握拼音能自主阅读了。）

如果希望孩子随手能拿到书，我建议，利用沙发背后的墙面，放置一块或若干搁板。我能想象的美好画面是：两个孩子站在沙发上，在搁

板上乐不可支地寻找自己想看的绘本。

　　我收藏了一些国外装修照，有很多客厅装修时，都会充足利用墙面的空间，在沙发上方的墙面放搁板，或是吊柜。上面摆满密密麻麻一整排书——书就是最好的装饰品，只要排列整齐，一点都不影响美观。

　　还有树形的创意书架，也很美观，收纳能力也不弱，以及得过设计大奖的悬浮隐形书架。

学习区域二：折叠小书桌

　　我在超市买了一套可折叠的小桌椅，放在茶几旁，作为两个娃的学习桌和临时餐桌，也可以作女儿的画桌，还可以让两个娃一起吃饭。

好处有两点：（1）可折叠，不用的时候能塞在柜子后面、床底下，或在角落靠墙放，等等；（2）很轻便，移动性强，可以搬到家里的任何一个空地。一开始，我也放过客厅角落，当学习角；我家的阳台大改造前，折叠桌椅一度还被放到了阳台上。如今，每个晚上，两娃最喜欢围着小桌子一起学习、吃饭，这画面好温馨。

学习区域三：阳台

因为实在家里没有地方，我思来想去，醍醐灌顶的思路是：问阳台"要空间"。

我把客厅的套内大阳台，改造成了一个榻榻米，无中生有变出了一个倚靠落地窗、有着无敌景观和采光的阅读休闲区。

把榻榻米的桌子升高后，是个超级大书桌（偶尔全家人靠窗吃顿早餐，很惬意）。

今年备战幼升小的大部分时光，我和女儿都是在这里度过。窗帘一拉，和客厅彼此空间隔绝，也不影响儿子的玩耍。

其实，就算不像二宝爸这样，把阳台改造成榻榻米，也一定要把阳台区区几平米的空间利用充分，若是堆成杂物间，真的得不偿失。比如，哪怕在阳台墙上挂一块带磁力的大黑板，再搬两个小板凳，也可以开辟一块亲子学习的好空间。我就在这块黑板上，教会了女儿拼音。

学习区域四：隐藏书桌

也许你会说，以上学习区域似乎更适合孩子，我们父母怎么办？有没有适合自己的书桌呢？也有办法"螺蛳壳里做道场"！

我在客厅角落安置了一张"隐藏书桌"。这是一款书柜书桌二合一神器。翻开盖子，里面别有洞天，成了一张电脑学习桌，也相当于省去了一个书房！

白天，它是静静偏居客厅一隅的普通柜子；深夜，它是我伏案敲打每日微信文的书桌。偶尔，它还是女儿模仿老爸工作状态、聚精会神看书的一块神奇角落。

它可以放客厅，甚至还可以放进卧室里。当梳妆台、当书桌，都可以。平时盖子盖上，干干净净，颜值很高。

学习区域五：榻榻米房间

如果你还没有装修，那我强烈推荐，把面积比较小的次卧，设计成榻榻米和室的形式——这可能是最节约空间，也是收纳能力最强的一个房间。我知道自己喜欢买买买，家里东西太多，未雨绸缪的我，剑走偏锋没有打造成常规的儿童房，而是把整个房间都变成了日式的榻榻米。

这样，女儿的房间又兼具了书房的功能。正中央的升降书桌，也是

193

一个非常棒的学习区域。客人多的时候，还能摇身一变为棋牌室、桌游室。

我在靠窗口位置还设计了一排很长却并不算宽的桌子，而榻榻米的好处是节省空间，只要几张无腿折叠椅，这里马上变成了可以并排坐 2 个人的长条形书桌，且基本不占太多空间！

有时，在客厅里受到调皮儿子的干扰，我和女儿实在没法一起做功课或阅读时，我俩就躲进女儿的卧室，这里，就化身为一个亲子互动且不受干扰的独立书房。

学习区域六：餐桌

也许你们会说，二宝爸，前面那些学习区，提前规划更重要，我现在变动起来太折腾。有没有更好的办法呢？当然！近在眼前的餐桌，我们为何视而不见呢？

我一直觉得，餐桌是一个很具有仪式感且功能、形象百变的存在。一家人坐在沙发上看电视，或许会被精彩的光影图像分了神；但围坐在餐桌前，可以说是全家人交流感情最好的地方——在国外很多家装设计中，屋子的中心不是客厅，而是餐厅。

二宝爸在餐桌这块，也是花足了心思的。刚装修时，它是低调奢华风。圣诞节前，我把它布置成这样，连圣诞桌布也用上了。

当晚餐结束后，这里还可以是一个快速变身的书房哦！最大的优势是：这是一张超级宽敞的大书桌，可以让孩子和家长一起大展身手；餐边柜无处放书本也没关系，我还有一个流动的书架，有请 Ta 登场——一代经典"拉斯克"应该不用我多介绍了吧？

刚把它带回家时，我把女儿常用的功课习题和书本，都放在了里面。当时，架子上还是空荡荡的……

再看这两天我新拍的照片，架子上已是一摞摞的书。孩子还真是辛苦啊。不过，在这样一个悠然自得的环境下做功课，女儿的状态和效率还真是不错，下笔如飞。

甚至还鼓励和带动了儿子，小家伙非要跑到姐姐的对面坐下，和姐姐一起看书。

白天消化美食，晚上消化知识。这个会变身的"大书桌"，有趣又带点梦幻色彩的光影空间和学习氛围，恍若映衬出我追求的那三个字：仪式感。

看完二宝爸的吐血分享，有没有一种豁然开朗的感觉？希望"家中处处是书房"的想法能颠覆大家的传统思路，为你们辛苦带娃的生活带来些许的不同。

阳台大改造，
豁然开朗的何止空间，还有心境

阳台，在我心里是一个很玄妙的存在。它，是我们与外部空间唯一的交融点。犹抱琵琶，半开半闭，又或者大开大合，给我们带来的不同感受，不仅仅是阳台那几平米的空间感受。

阳台介于家与外界之间、熟悉与陌生之间，安全而自由，进退又自如。当你坐在自家阳台上，这里像属于自己的一片小天地，因为家人就近在身边，远方也近在眼前。打开窗户，世界就朝你扑面而来；关窗转身，又旋即遁入自己的隐秘小天地。阳台就是有这样奇特的双重性，内外两个世界在这里搭接，而不是截然的划分。

二宝爸和领导搬入婚房，尚无一双儿女时，带点小布尔乔亚气质的我，把家里那个气势如虹、贯通的双阳台，如此这般精心打造——

喝着卡布奇诺，看着楼下人来人往，在键盘上敲打鸡汤文，是我彼时沉迷的状态。在某论坛发了装修帖，一度蹿升到了首页推荐，也迎接了一波又一波家装杂志的拍摄。但随着两个熊孩子

相继到来，一杯咖啡换成了一张尿片、一只奶瓶、一地鸡毛。阳台沦为了晾衣场和杂物间。画风惨不忍睹，颜值一落千丈。

痛定思痛，我决定负荆请罪，让阳台重新焕发青春。仔细研究了很多装修帖，也得到了群友的启发，我做了个大胆决定——将客厅部分的阳台，改造为榻榻米。

我本身就是榻榻米爱好者，家里的次卧便是一整个房间的和室。这个房间目前是儿子的卧室。使用六年多，除了取底下东西稍麻烦些，没有任何不足。颜值高，易打理，收纳惊人，其他优点我就不一一罗列了。

当然，作为一个标准的理工男，我在做出决策前，做了最详细的可行性分析，深思熟虑了整整一个月，就差出一份 SWOT 分析了。权衡利弊，得出的分析如下：

利

1. 家里采光最好的地方，用来堆杂物简直暴殄天物，地台设计可以把阳台利用起来，感受到每天第一缕阳光。

2. 阳台也是整个家中视野最好的区域，地台上设计一张升降桌，

超级奶爸育儿手记

等于多出一个景观书房/早餐桌/琴台/游戏棋牌桌,等等。

3. 榻榻米让储物能力大大增加。榻榻米下面收纳空间巨大,靠窗可设计一个大书柜,把孩子绝大部分常用的玩具、绘本、学习用品等井井有条摆放在里面。

4. 更贴近蒙特梭利的育儿法,所有物件都能以孩子的视角来观察和取放,并且知道每一样物件归放何处。

5. 曾经因为家里人多空间小,卧室没有学习空间,而客厅喧嚣吵闹,孩子很难有单独的阅读角。阳台的改造,能开辟出一个和客厅互不干扰的学习区:儿子在客厅围栏里和妈妈玩,我和女儿把窗帘拉起,在阳台上学习。

6. 榻榻米设计一个升降桌,能停留在任何高度,伴随着孩子身高调节位置,在功能性上几乎媲美市面上几千元的升降学习桌。

7. 偶尔可以在阳台上小憩,看着楼下车水马龙,感觉很好。家中有客人时,还能当个临时客房。

8. 一直羡慕有大露台可以晒被子的豪宅,现在的地台不就是现成的晒被大平台吗?

弊

1. 原本双阳台是我家的一个亮点,被硬生生"打断"了。

2. 很多人关心的晾衣问题,这点还算好,大部分衣服可以在靠主卧的另一侧阳台晾,只是如果从客厅走,需要从榻榻米这边爬上爬下,略显麻烦。

3. 榻榻米长期在太阳直射下,需要更勤快地打理。

4. 费钱!烧钱!没钱!

既然利大于弊,二宝爸决定袖子管一撸,大干一场了!

第一步：换落地长窗

早就看不惯上家留下的那个质次颜丑的所谓无框窗了。这一次，咬咬牙，换了个高大上的进口品牌。为了视觉效果，特地留了几扇落地长窗。当然，安全性必须是第一位的，用的是三层玻璃和最结实的窗框，隔音隔热效果都很好。

我家阳台外，刚好有个约四五十厘米的小平台。如果胆子大点、脸皮厚点，可以把这块地方"借"一点进来，能"无中生有"出一个飘窗。

第一步顺利完工。当窗子全部换成"落地窗"后（暂时还没"落地"），视觉上已经让人眼前一亮。虽然还是个水泥毛坯的窗台，但摆上几盆花，再放张小小的学习桌，心情顿时开阔许多。

弟弟忍不住乐不可支地浇花了。我们已太久没好好沐浴过如此灿烂的阳光。

第二步：安装榻榻米

这是一个艰苦的过程。二宝爸不断地脑洞大开，一次次颠覆旧想法，冒出新火花。不论是和设计师反复沟通，还是在施工过程中跟师傅的迂回商量，都充满了斗智斗勇的乐趣。

好事多磨。因为我要做一张尺寸特别大的升降桌，所以需要两根升降柱支撑，而电机的制作是个难点。但我坚持不改尺寸，这张带着我极大期望的桌子，要对得起它不菲的造价。

　　我希望这是一张可以全家围坐在窗边，边鸟瞰风景边分享美食的餐桌；我也希望这是一张未来让两个孩子面对面而坐，一起学习交流、充满欢声笑语的书桌。

　　为此，我必须忍耐一段漫长的定做过程。家里暂时接纳了一个没有桌子的半成品榻榻米。但两个孩子已经乐此不疲地攀爬在"半成品阳台"上，互动慢慢开始。这正是我希望看到的。至少已经有了书架，喜欢翻书的弟弟，找到了自己的"根据地"。翘首以盼中，随着升降桌的安装成功，榻榻米正式完工。

　　这就是我梦想中的那个阳台啊，它可以是一个若隐若现在窗帘外的学习屋；它可以是我和女儿并肩作战，一起为幼升小准备的学习阵地；它还可以是一个大肚量的收纳王，两个抽屉分别把女儿和儿子换季

的鞋子悉数囊括。

　　除了抽屉，另外两块榻榻米垫子下，可以放下住家保姆硕大的行李箱以及二宝妈N双过膝长靴（平时靴子放在哪里最头疼）。

　　二宝爸还在榻榻米旁，双阳台的中间墙壁上，定做了一块带磁力的大黑板。可以在黑板上进行"教学"，用数字和字母磁力片学习，配合旁边的榻榻米学习区，简直天衣无缝。

　　作为收纳狂人，我连踏板里的空间也绝不放过，可以放几双拖鞋，以及粉笔、水笔等学习用品。

　　最脑洞大开的，是我在书柜的第二排，设计了一个插座。书柜宽度刚好可以容纳一台88键重锤电子钢琴。家里实在空间逼仄，放不下钢琴，可以让女儿先拿电子钢琴练练手。借一下小熊模特，假装弹琴的样子是这样的，翻板可以翻起来，把脚伸下去，就能坐着弹琴了。

　　完成了阳台改造以后，家里人的精神面貌都发生了翻天覆地的变化。大家都喜欢倚靠在阳台的榻榻米上，就算是看着窗外发呆，也觉得心情舒畅。两个娃更是整天爬上爬下，在榻榻米上做游戏。女儿也变得爱看书了，喜欢跟我一起在大

桌子边，做各种各样思维训练的游戏。我随手按出来的照片，就像日系居家照那般温暖。更有人惊呼，太惊艳了！

其实，我的摄影技术依然停留在只会自动挡，镜头永远是不入流的白菜狗头，家里还是那个蜗居——改变的，是一个旧貌换新颜的阳台，以及我们豁然开朗的心境和状态。

每一帧美好画面，都让我深深感悟着：世界上并不缺少美，缺的只是我们去追寻美的勇气。

我很欣慰，因为向往美好，自己终于勇敢地走出了这一步。

图书在版编目（CIP）数据

奇葩二宝爸 / 蒋天著. — 上海：上海教育出版社，2021.7
ISBN 978-7-5720-0950-1

Ⅰ.①奇… Ⅱ.①蒋… Ⅲ.①儿童教育－家庭教育
Ⅳ.①G782

中国版本图书馆CIP数据核字(2021)第113706号

责任编辑　公雯雯
封面设计　陆　弦

奇葩二宝爸
蒋　天　著

出版发行　上海教育出版社有限公司
官　　网　www.seph.com.cn
地　　址　上海市永福路123号
邮　　编　200031
印　　刷　上海颛辉印刷厂有限公司
开　　本　890×1240　1/32　印张 6.75
字　　数　162 千字
版　　次　2021年7月第1版
印　　次　2021年7月第1次印刷
书　　号　ISBN 978-7-5720-0950-1/I·0089
定　　价　48.00 元

如发现质量问题，读者可向本社调换　电话：021-64377165